(par Bourgain)

RÉFUTATION

DE LA

VIE DE NAPOLÉON.

DE L'IMPRIMERIE DE LACHEVARDIERE FILS,
RUE DU COLOMBIER, N° 30, A PARIS.

RÉFUTATION

DE LA

VIE DE NAPOLÉON,

PAR SIR WALTER SCOTT,

PAR LE GÉNÉRAL G***.

A PARIS,

CHEZ LOCARD ET DAVI, LIBRAIRES,

QUAI DES AUGUSTINS, N° 3.

ET CHEZ TOUS LES LIBRAIRES DU PALAIS-ROYAL.

1827.

AVANT-PROPOS.

Composer vingt volumes, peut être chose facile à certaines gens; pour nous, nous l'avouons en toute humilité, en écrire un seul n'est pas petite besogne. L'étoffe, pourtant, ne nous manquait pas pour celui-ci; mais notre patience se trouva si souvent mise à l'épreuve, que nous ne résistâmes que difficilement à la tentation de jeter au feu et les matériaux et l'ouvrage........ J'entends dire que cela eût été sage; les lettres, dit-on, n'y auraient rien perdu..... à la bonne heure; mais la vérité y aurait-elle gagné quelque chose? Indignement outragée par un baronnet sous la plume duquel les calomnies et les volumes se multiplient avec une égale facilité, elle demandait des vengeurs, et nous avons osé croire que les hommes éclairés nous sauraient gré de lui rendre hommage en nous rangeant sous ses drapeaux.

Nous ne prétendons pas avoir réfuté tout ce que l'ouvrage de sir Walter Scott contient de faux et de calomnieux; il nous eût fallu, pour cela, faire un ouvrage aussi gros que le sien, et nous n'en avions ni la volonté ni le pouvoir. Témoins de la plupart des évènements que l'historien anglais a tronqués et dénaturés, il nous a suffi de faire un appel à nos souvenirs. Sir Walter ne rapporte que ce qu'il a lu ou ouï-dire, et nous ne le réfutons qu'en rapportant ce que nous avons vu; il est rare que nous nous appuyions sur les relations de quelques auteurs; et lorsque cela nous arrive, c'est que l'impartialité de l'écrivain que nous citons nous est particulièrement connue.

Peut-être quelques expressions un peu vives nous sont-elles échappées; notre excuse est dans la partialité révoltante de l'historien anglais. Pouvait-il compter sur l'approbation ou sur le silence des Français, en insultant aux cendres à peine refroidies d'un grand homme?.... Nous admirions l'auteur d'Ivanhoe, de Waverley, des Puritains; si notre admiration a fait place au mépris, que sir Walter en accuse son libelle.

Une circonstance qui doit ajouter à la honte de s'avouer l'auteur du livre que nous réfutons, c'est qu'il fut composé dans le but, avoué, de gagner de l'argent ; et, comme un manœuvre qui travaille à la toise, sir Walter, pour se faire payer quelques pages de plus, a entassé, pêle-mêle, les absurdités, les calomnies, les sottises et les niaiseries qu'il a rencontrées. L'ouvrage étant livré à l'imprimeur à mesure que l'auteur l'écrivait, il est probable, il paraît même certain que sir Walter ne put en juger l'ensemble que lors de sa publication : il dut être alors bien étonné de l'amalgame que présentait ce lourd factum. Cette excuse est la seule qu'il puisse alléguer : si elle ne le justifie pas entièrement, elle peut le faire paraître moins coupable.

Jamais ouvrage n'a été accueilli par un concert de réprobation plus unanime; sir Walter, nous dit-on, en est accablé, et les journaux anglais nous apprennent qu'il prépare une seconde édition qui diffèrera un peu de la première..... Hélas! ce remède sera impuissant : il faudrait que cet écrivain s'élévât jusques aux cieux pour nous faire oublier une pareille chute.

Le dernier volume de la *Vie de Napoléon* contient de terribles accusations contre un général français; elles semblent, au premier aperçu, authentiques; mais, avec un peu de réflexion, elles cessent de l'être; pourquoi un homme qui a tant calomnié les morts aurait-il hésité à jeter sur les vivants les restes du venin qu'il avait amassé ?..... Celui que l'on accuse si violemment, a prouvé qu'il maniait la plume aussi bien que l'épée. Aussi s'est-il empressé de repousser avec autant d'énergie que de raison une attaque aussi violente qu'injuste. La lettre du général Gourgaud, ayant paru dans les journaux pendant l'impression de la première partie de cet ouvrage, nous avons été obligés de rejeter à la fin de la seconde cette pièce justificative, qui démontre d'une manière si évidente que le baronnet romancier a pris pour devise cet axiome de Figaro : Calomnions, calomnions, il en reste toujours quelque chose.

RÉFUTATION

DE LA

VIE DE NAPOLÉON.

CHAPITRE PREMIER.

Un romancier célèbre s'est dit: « Il me faut trois cent mille francs pour rétablir ma fortune; et pour me procurer cette somme, il me suffira d'écrire dix volumes, ce qui me sera pas difficile à un homme qui en a déjà écrit cent. Cependant, comme il est probable que cinq mille pages remplies de peintures de mœurs écossaises ne seraient pas de facile digestion, laissons, pour cette fois, l'Écosse et les romans, faisons l'histoire d'un grand homme; et comme il faut avant tout que la somme se trouve, brochons une espèce d'introduction de quinze à dix-huit cents pages. »

Il dit, et la Vie de Napoléon fut mise sur le métier.

L'ouvrage commence par un avertissement dans lequel l'auteur demande pardon au lecteur; cela est fort bien, seulement il eût été plus convenable de placer cette pièce à la fin de l'ouvrage. Une autre remarque que nous avons faite dans cet avertissement, c'est que Walter Scott avoue que son ouvrage était déjà fort avancé lorsqu'il apprit le véritable nom de son héros! En vérité, l'aveu est ingénu!... Que penser d'un écrivain qui, après avoir écrit l'histoire d'un pays ou d'un peuple, avouerait qu'il ignore le nom de ce peuple ou celui de la capitale du pays?

Vient ensuite l'examen de la situation de l'Europe dix ans avant la révolution française. L'auteur nous apprend que les philosophes ont fait tout le mal; il ne lui manque pour achever ce tableau vraiment original que d'avoir tracé au bas de chaque paragraphe: « *C'est la faute de Rousseau; c'est la faute de Voltaire.* » Ces petits hommes-là n'ont pas beau jeu avec l'illustre romancier, et les souverains eux-mêmes qui ont voulu tâter de la philosophie ne sont pas ménagés. Par exemple, veut-on savoir ce que Walter Scott pense de l'empereur Joseph II, le voici : « Il laisse une réputa» tion militaire flétrie par les succès des Turcs, » qu'il avait méprisés, et ses belles provinces » des Pays-Bas, comme la Hongrie, à la veille » même d'une insurrection. Une épigramme » tracée sur les murs de l'hôpital des fous, à » Vienne, serait peut-être l'épitaphe assez juste » de ce monarque, autrefois l'objet de tant d'es» pérance et d'amour : *Josephus ubique secundus,* » *hic primus.* »

Et savez-vous pourquoi cet empereur fut un fou et un spoliateur? c'est uniquement parcequ'il a supprimé les ordres religieux, et forcé le pape Pie VI à venir à Vienne: Si Joseph II avait été meilleur catholique, Napoléon n'aurait pas été sacré par le saint Père. Peut-être, lecteur, ne voyez-vous pas tout d'abord le rapport qu'il y a entre ces évènements, et j'avoue que je n'y comprendrais rien non plus, si le nouvel historien ne s'était expliqué clairement :

« Sous un autre rapport, les réformes intro» duites par Joseph II étaient de nature à dis» poser les esprits aux innovations qui devaient » être effectuées plus tard, sur une plus large

» échelle, par des mains plus fortes et plus sé» vères. La suppression des ordres religieux, » l'application de leurs biens aux besoins géné» raux du gouvernement, pouvaient, jusqu'à » un certain point, flatter les protestants; mais, » sous le rapport moral, s'emparer de la pro» priété des individus ou des corps, c'est en» freindre les principes les plus sacrés de la » justice. On ne rendra point une spoliation de » cette nature moins odieuse, en prétendant » qu'elle était nécessaire ou avantageuse à l'état, » parcequ'il n'y a point de nécessité qui puisse » légitimer l'injustice, point d'avantages pour » l'état qui puissent compenser une violation » de la foi publique. Joseph fut aussi le premier » souverain catholique qui méconnut les attri» buts de majesté solennelle dont la religion » entoure la personne du souverain pontife. » L'inutile et humiliant voyage de Pie VI à » Vienne fournit à Napoléon une sorte de pré» cédent pour la conduite qu'il tint envers » Pie VII. »

Vient ensuite le tour de la noblesse : ces pauvres gentilshommes ne sont pas épargnés; l'auteur les appelle sans ménagement « ignorants, » hommes légers, querelleurs, paresseux, etc.; »

il leur reproche une foule de gentillesses, comme de voler au jeu, de soutenir des lieux de débauche, etc, etc.

Mais, dirà-t-on, quel rapport tout cela a-t-il avec la vie de Napoléon?... A la bonne heure; mais les cinq mille pages qu'il fallait remplir! Du reste l'historien ne se montre pas toujours aussi sévère envers ces pauvres gentitshommes, et, afin d'être, autant que possible, bien avec tout le monde, il vante les douceurs du régime féodal.

« Le robuste paysan lui-même, dit-il, n'est » pas plus l'orgueil d'un royaume que le simple » gentilhomme de campagne qui vit de ses pro- » pres ressources, au milieu de ses vassaux, et » devient ainsi le protecteur et l'arbitre naturel » du cultivateur et des gens qu'il emploie, au » besoin même le plus ferme appui de leurs » droits et des siens contre les envahissements » de la couronne, ou le défenseur libre et in- » trépide des droits de la couronne contre les » innovations du fanatisme politique. »

Cela serait peut-être fort beau si c'était intelligible : mais il y a par le monde tant de gens qui, lorsqu'ils ne comprennent pas, prennent le parti d'admirer!

Nous avons vu tout à l'heure comment Walter Scott a chapitré Joseph II, pour avoir manqué de courtoisie envers le pape; voyons maintenant ce que ce nouvel historien dit de la cour de Rome;

« *Vestigia nulla retrorsùm*, telle était toujours la devise de Rome. Elle ne pouvait rien » expliquer, rien adoucir, rien concéder, sans » se mettre en contradiction avec son système » d'infaillibilité. Il lui était également impossi- » ble d'expliquer d'une manière satisfaisante ou » d'abandonner tout ce mélange de prétentions » extravagantes, d'assertions incroyables, de » doctrines absurdes qui confondaient la rai- » son, de cérémonies puériles qui révoltaient » l'esprit, héritage des siècles de ténèbres et » d'ignorance. »

Certes, il serait difficile de trouver dans les ouvrages des philosophes du dix-huitième siècle une critique plus amère du catholicisme; ce langage semble être celui d'un homme ennemi de toute superstition. Eh bien, celui qui foudroie ainsi ces doctrines, se déchaîne, vingt pages plus loin, contre les hommes qui, longtemps avant lui, ont dit la même « N'est-il pas » incroyable, dit-il, que ceux qui prétendaient

» ne rechercher que la sagesse aient vu la reli-
» gion, nous ne disons pas seulement avec cette
» indifférence que les philosophes du paganisme
» témoignaient pour leur grossière mythologie,
» mais avec tant de haine, de malice et de co-
» lère ? On se serait attendu plutôt qu'après un
» tel examen des hommes qui se disaient épris
» de l'amour de la sagesse et de la vérité, s'ils
» ne pouvaient malheureusement se persuader
» encore qu'une religion si digne de la Divinité
» (qu'on nous pardonne ce langage) émanait
» d'une révélation céleste, auraient eu la mo-
» destie de poser un doigt sur leur bouche,
» et de se récuser eux-mêmes, au lieu d'anéan-
» tir la foi chez les autres. Que s'ils étaient con-
» firmés dans leur incrédulité, ils devaient au
» moins calculer mûrement ce qu'il y aurait à
» gagner en déracinant un arbre qui donnait de
» si bons fruits, sans s'être ménagé les moyens
» de lui en substituer un autre qui offrît les
» mêmes avantages dans l'intérêt commun. »

« — Eh ! quoi, » répondait Voltaire à ceux
» qui lui faisaient le même reproche, je vous
» débarrasse d'un monstre, et vous me deman-
» dez ce que je mettrai à sa place ! » Eh quoi !
dirons-nous, c'est le plus grand écrivain du

siècle qui tombe dans de si étranges contradictions; qui vante le régime féodal, et dit du mal des nobles; qui semble ne pouvoir trouver d'expressions assez fortes pour stigmatiser les fauteurs de superstitions, et qui accable d'injures les grands hommes qui long-temps avant lui ont marché dans le sentier de la raison!

Après nous avoir peint comme petits-maîtres les officiers français qui firent partie de l'armée envoyée en Amérique, ce qui paraîtra un peu extraordinaire aux Français peu disposés à regarder La Fayette comme un étourdi; après nous avoir présenté cette guerre comme l'une des causes de la révolution, l'écrivain écossais arrive à la convocation des états généraux, et là au moins le lecteur n'est pas découragé par de continuelles contradictions; mais pour des vues nouvelles, point; et pour qui a lu les *Considérations sur la révolution française* de madame de Staël, et l'*Essai* de M. Châteaubriand, toute cette partie du nouvel ouvrage de Walter Scott ne peut être que fastidieuse. Passons donc; car nous n'avons pas pris avec un libraire l'engagement de remplir plusieurs milliers de pages. Heureux encore les lecteurs du nouvel ouvrage de sir Walter Scott, si cet écrivain s'était borné à copier les historiens judicieux qui ont écrit sur la révolution française; mais on s'aperçoit aisément qu'il a pris partout; on est tenté de croire que toutes les sources lui sont bonnes lorsqu'elles lui fournissent les moyens d'étancher la soif d'écrire qui le dévore; ainsi il dit, à propos de la prise de la Bastille: « Les Français parurent dans cette » révolution, non pas seulement poussés par le » courage, mais animés de la rage et de la fureur » d'une bête féroce qui vient de briser sa chaîne. » Foulon et Berthier, tous deux réputés enne- » mis du peuple, furent mis à mort avec un raf- » finement de barbarie et de cruauté qui ne se » retrouve que chez les sauvages. Rivaux des » cannibales, il se trouva des hommes, ou plu- » tôt des monstres, qui prenaient plaisir à dé- » chirer les membres de leurs victimes, à leur » manger le cœur, à boire leur sang. »

Jusqu'à présent M. de Saint-Chamans avait été le seul qui eût accusé la nation française de férocité; l'historien écossais s'est montré jaloux de partager la gloire de ce député; mais était-ce bien à l'auteur des *Lettres de Paul* qu'il appartenait de porter contre les Français une accusation de cette nature? Sir Walter

Scott, après avoir peint dans ces lettres les douces émotions que lui fit éprouver, sur le champ de bataille de Waterloo, la vue des os brisés et des membres épars des vaincus, ose-t-il bien reprocher à tout un peuple la férocité de quelques assassins?

Mais comme si ce fameux romancier avait pris l'engagement de rétorquer lui-même tous ses arguments et de se maintenir dans une contradiction perpétuelle, il dit quelques lignes plus loin :

«Ceux qui montraient l'exemple de ces cruautés inouïes étaient des assassins de profession mêlés parmi le peuple comme de vieux dogues au milieu d'une jeune meute, pour la guider, l'exciter au carnage, et lui donner des leçons de barbarie, qu'elle ne retient que trop facilement, et qu'elle n'oublie presque jamais.»

Ainsi les vainqueurs de la Bastille, féroces à la page 144 du nouvel ouvrage, sont à la page 145 de très honnêtes gens parmi lesquels se sont glissés quelques brigands.

Et voilà justement comme on écrit l'histoire!

Sir Walter Scott ne se borne pas toujours à rapporter ce que l'on a fait, il dit aussi quelquefois ce qu'il fallait faire; et ses avis, pour être un peu tardifs, n'en sont pas moins remarquables. Par exemple, veut-on savoir ce que Louis XVI devait faire pour arrêter le torrent révolutionnaire? voici le texte de l'historien écossais :

« Quel était, en cette occasion, le devoir de » Louis XVI? Nous répondrons, sans hésiter, » celui que Georges III d'Angleterre s'imposa » lorsque, au nom de la religion protestante, » une populace furieuse ouvrait les prisons, pil- » lait les propriétés, incendiait les maisons, et » commettait, quoique avec beaucoup moins » d'atrocité, les désordres et les excès qui affli- » geaient Paris à cette époque. Les ministres de » Georges hésitant à se prononcer sur l'emploi » légal de la force militaire pour protéger la vie » et les propriétés des citoyens contre ce ramas » de bandits, on sait que le roi déclara, comme » premier magistrat du royaume, qu'il voulait » marcher à la tête de sa garde sur la ville in- » cendiée, soumettre les habitants par la force » des armes, et rétablir la tranquillité dans la » capitale épouvantée. La même énergie était » réclamée de Louis XVI : il était encore le pre- » mier magistrat de France; son devoir exigeait

» qu'il protégeât la vie et les propriétés de ses » sujets. Il commandait toujours cette armée, » levée et payée pour faire respecter les lois du » pays. Le roi aurait dû se présenter sans délai » à l'assemblée nationale, se justifier des accu- » sations portées contre lui par la calomnie, et » requérir d'autorité l'appui des représentants » du peuple pour mettre un terme au brigan- » dage, aux meurtres et à tous les excès qui » déshonoraient la capitale. Il est à peu près » certain que tout le parti modéré, ainsi qu'on » l'appelait, se fût réuni à la noblesse et au » clergé. Le trône n'était point encore vacant; » l'épée pouvait être tirée. Louis avait déjà fait » beaucoup de concessions; peut-être, par suite » des changements dont on était menacé, eût-il » été obligé d'en faire davantage; mais il n'en » était pas moins roi de France, et obligé, par » le serment de son sacre, à prévenir le meur- » tre et à anéantir l'insurrection. Il n'eût point » été considéré comme ennemi de la liberté, » pour avoir rempli ses devoirs de souverain. » Qu'avait de commun, en effet, la cause de la » réforme paisiblement discutée par un corps » de représentants non armés, avec les combats » sanglants livrés aux troupes du roi par les ré-

» voltés, ou avec les massacres et les atrocités » gratuites qui avaient souillé la capitale? Avec » le nombre des députés que la honte ou la » crainte auraient pu détacher du parti con» traire, le roi, agissant comme un prince doit » agir, eût réuni une majorité assez imposante » pour montrer l'accord de la couronne et de » l'assemblée, quand il s'agissait de faire res» pecter les lois du pays. Fort de cet appui, ou » sans cet appui même, car le devoir du prince » dans une crise de cette nature est de veiller » sur son peuple et de sauver le pays; avec ou » sans le concours des autres pouvoirs, disons» nous, le roi, à la tête des gardes du corps, des » régiments qui pouvaient être restés fidèles, et » de la noblesse, que ses principes chevaléres» ques devaient rendre plus particulièrement » dévouée au souverain, le roi aurait dû mar» cher sur Paris, soumettre les insurgés par les » armes, ou mourir comme il convenait à un » fils de Henri IV: c'était là le devoir que l'auto» rité dont il était investi imposait à Louis XVI. » Selon toute probabilité, cette conduite eût » effrayé les factieux, encouragé les timides, » entraîné les incertains, mis un terme au » désordre, et préparé ainsi les moyens d'o-

» pérer dans l'état une réforme sage et dura-
» ble. »

Et qu'on ne croie pas que Walter Scott ne sente pas toutes les conséquences de ces mesures anodines : une partie de la population de Paris pouvait être massacrée par les troupes royales, et la capitale pouvait être ruinée de fond en comble; cela est vrai, l'historien écossais le sent parfaitement; mais il n'est pas homme à s'arrêter en si beau chemin, pour semblable bagatelle, et il trouve, dans notre célèbre fabuliste, une justification à laquelle il est impossible de rien opposer :

« A cela nous répondrons que le plus fort
» peut toujours rejeter sur le plus faible le
» blâme de la première agression, comme le
» loup punit l'agneau d'avoir troublé l'eau du
» courant, encore bien que celui-ci se désalté-
» rât fort au-dessous du premier. »

Toute cette prétendue histoire de la révolution française est de la même force, et nous ne craignons pas de dire que l'homme le mieux disposé en faveur de l'auteur est tenté, à chaque page, de jeter le livre dont la lecture l'accable à la fois d'ennui et de dégoût. Quatre volumes d'introduction sont remplis de ces belles choses qui ont traîné partout, de faits reconnus faux ou tronqués, de réflexions de la même force, le tout enjolivé de comparaisons que l'Écossais aurait très sagement fait de garder pour son prochain roman. C'est ainsi qu'il compare Marat et Robespierre à des monstres marins, et qu'il cite tantôt l'Écriture sainte, tantôt des proverbes de tavernes et des vers de Roland amoureux.

Mais, comme disait si naïvement M. Perrin Dandin en parlant de la question :

> Cela fait toujours passer une heure ou deux.

Cela, dit aussi Walter Scott, remplit toujours quelques volumes. Quant à nous, qui ne voulons pas pousser à bout la patience de nos lecteurs, nous n'en dirons pas davantage sur cette première partie de l'ouvrage dont nous avons entrepris la réfutation. C'est particulièrement sur l'Histoire de Napoléon que nous voulons appeler l'attention. Peut-être quelques critiques blâmeront-ils notre entreprise : ils diront que c'est un combat entre un géant et un nain, et ils n'auront pas tort; mais le nain jouit de toutes ses facultés, et, à coup sûr, le géant était ivre lorsqu'il entra dans la lice.

CHAPITRE II.

Bienheureux Scudéry, dont la fertile plume
Peut sans peine en un mois enfanter un volume,

et vous, laborieux abbé Trublet, qui fîtes tant de volumes sans vous noircir les doigts, que vous étiez loin d'égaler le romancier écossais! vous ne possédez pas comme lui le grand art de parler de tout à propos de rien; vous eussiez été incapables de faire de la politique avec *les petits Prophètes* ou *le livre de Job*, des romans avec l'histoire, et de l'histoire avec des romans.

Cette vie de Napoléon si long-temps prônée avant son apparition, si impatiemment attendue, au dire des éditeurs, n'est autre chose qu'un long plaidoyer pour l'Angleterre contre Napoléon; et, quelque bien disposé que l'on soit à trouver éloquent l'avocat de la Grande-Bretagne, on est bientôt forcé de reconnaître qu'il défendait une très mauvaise cause. Je sais même tels personnages d'un jugement sain qui prétendent que cette longue histoire d'un grand homme est un ennuyeux libelle. Mais ce ne sont pas des jugements que nous nous proposons de donner à nos lecteurs; ce sont des faits, ce sont des citations et des réflexions qui les mettent à portée de juger eux-mêmes ce nouvel ouvrage que tout le monde n'aura pas le courage de lire jusqu'au bout. Ouvrons donc courageusement le troisième volume. (Cinquième de l'édition de Paris.)

Après nous avoir dit que la Corse, dans les temps anciens, a été le lieu d'exil de Sénèque, ce qui est absolument neuf, et se trouve très bien placé dans une histoire de Napoléon, le noble écossais parle de la famille du héros; et afin de ne pas dégoûter tout-à-coup le lecteur, il a soin de couvrir de miel les bords du vase dans lequel il lui présente le fiel le plus amer. C'est ainsi qu'en parlant du père de l'empereur, il dit:

« Charles Bonaparte, père de Napoléon, était » le principal descendant ou le chef de cette » famille exilée. Il suivit à Pise un cours régu» lier de la science des lois; c'était, dit-on, un » homme d'une figure agréable, qui avait de » l'éloquence et une intelligence remarquable,

» qu'il transmit à son fils. Bon citoyen et mili-
» taire, il prit part aux vaillants efforts que fit
» Paoli pour s'opposer aux Français. »

Ceci paraît d'abord fort raisonnable; mais on ne tarde pas à reconnaître dans quelle intention cet éloge et les détails qui suivent ont été placés là : il fallait dire quelque chose de la vie de ce personnage, pour pouvoir parler de sa mort, et cette mort pouvait être présentée comme une espèce de justification de l'Angleterre; aussi Walter Scott se hâte-t-il de dire :

« Charles Bonaparte, père de Napoléon,
» mourut, à l'âge d'environ quarante ans, d'un
» ulcère dans l'estomac, le 24 février 1785. Son
» fils, si célèbre, périt victime de la même ma-
» ladie. »

Malheureusement pour l'auteur écossais, il est impossible qu'un Français voie dans ce rapprochement maladroit ce que son auteur espérait y faire voir. Six ans se sont à peine écoulés depuis l'évènement qui rendit le sol de Sainte-Hélène dépositaire des dépouilles du plus grand capitaine de notre siècle; et ces mots de Napoléon, « Je lègue à l'Angleterre l'opprobre de » ma mort, » sont un arrêt terrible contre lequel le talent du romancier est impuissant.

Un misérable, dont le nom est voué à l'exécration de la postérité la plus reculée, Hudson Lowe, connaît mieux que personne la nature de la maladie à laquelle a succombé Napoléon; il sait où ont été pris les *sédiments de café* qui ont été trouvés dans l'estomac de ce grand homme....

Passons, sans nous appesantir davantage sur la conduite atroce du gouvernement anglais; tâchons de ne point voir, pour un moment, la tache ineffaçable dont il se couvrit alors, et suivons le nouvel historien, qui, après nous avoir parlé des forteresses de neige élevées par Napoléon écolier, et de quelques faits de la même importance, arrive aux troubles qui éclatèrent en Écosse au commencement de la révolution. L'auteur qui, dans son avertissement, nous promet une impartialité scrupuleuse, nous donne, dès son début, la mesure de bonne foi avec laquelle il raconte et juge; laissons le parler.

« Les idées que Paoli s'était formées de la li-
» berté, différaient de celles qui malheureuse-
» ment commençaient à se répandre en France.
» Il était jaloux d'établir cette liberté qui pro-
» tège la propriété au lieu de la détruire, et qui

» procure le bonheur en pratique, au lieu de » tendre à une perfection idéale; en un mot, il » chercha à délivrer la Corse de la contagion » régnante du jacobinisme, et en récompense il » fut dénoncé à l'assemblée. Paoli, sommé de » venir plaider sa cause, s'excusa de faire ce » voyage en raison de son âge avancé; mais il » offrit de se retirer hors de l'île.

» Une grande partie des habitants se déclarè-» rent pour l'ancien champion de leur liberté, » lorsque la convention envoya une expédition » à la tête de laquelle étaient, comme commis-» saires, Lacombe-Saint-Michel et Salicetti, l'un » des députés de la Corse, avec les instructions » ordinaires pour organiser le meurtre et le » pillage.

» Bonaparte était en Corse, avec un congé, » lorsque ces évènements arrivèrent; et quoi-» qu'il eût été déjà lié d'amitié avec Paoli, et » qu'il y eût même quelques relations de pa-» renté entre eux, le jeune officier d'artillerie » n'hésita point sur le parti qu'il avait à pren-» dre. Ce fut celui de la convention, qu'il em-» brassa avec ardeur, et il fit ses premiers ex-» ploits militaires dans la guerre civile de son » pays natal. »

Et quel parti voudrait-on qu'il eût embrassé? sans doute celui de Paoli, qui avait vendu son pays à l'Angleterre. Walter Scott n'ose pas l'avouer; mais pourquoi essaie-t-il de faire retomber l'odieux de cette guerre civile sur un homme qui ne voulait alors que sauver son pays d'une invasion?

La mauvaise foi est d'autant plus évidente, que, quelques lignes plus loin, l'auteur est forcé de laisser percer la vérité :

« Le parti de Paoli, dit-il, croissant de jour » en jour, et les Anglais se disposant à le secou» rir, la Corse ne put offrir plus long-temps » une retraite assurée à la famille Bonaparte. »

Il faut convenir que c'est pousser l'esprit national un peu loin, que de présenter comme coupable un Français dont tout le crime consistait alors à défendre son pays contre les Anglais, et leurs partisans. « La Corse faisait » partie de la France, il est vrai, dit l'historien, » mais il n'y avait pas long-temps. » Était-ce donc une raison pour qu'elle devînt la propriété de l'Angleterre?

Veut-on, à ce sujet, avoir une idée de la philosophie de Walter Scott, et savoir de quelle force sont les arguments sur lesquels il s'appuie pour prouver que Napoléon avait tort de vouloir être Français, lisons :

« Peu s'en fallut en effet, qu'il ne naquît » étranger à la France ; car la Corse ne lui fut » réunie, ou n'en fit partie intégrante, qu'en » juin 1769, quelques semaines avant la nais- » sance de Napoléon. Cette espèce de tache fut » fréquemment rappelée par ses ennemis, dont » quelques uns reprochaient à la France d'avoir » adopté pour maître un homme d'un pays » d'où les Romains n'auraient point voulu tirer » même un esclave. »

De bonne foi, cela mérite-t-il l'honneur d'être réfuté ? On serait tenté de croire que Walter a voulu essayer jusqu'où pouvait aller l'engouement général pour tout ce qui sort de sa plume.

Nous voici arrivés au siége de Toulon ; et c'est alors que l'on commence à se faire une juste idée de l'impartialité que l'auteur avait promise dans son *avertissement*. Les Anglais, il est forcé d'en convenir, avaient dans cette place des forces considérables, et, cette fois, s'ils furent vaincus, ce ne fut la faute ni de Voltaire ni de Rousseau, mais bien celle des Napolitains et des Espagnols.

« Lord Mulgrave commandait la place. Mal» gré la composition mélangée de la garnison et » plusieurs autres circonstances décourageantes, il commença la défense avec courage. » Sir George Keith Elphinstone battit aussi les » républicains aux gorges d'Ollioules. Les An» glais se maintinrent pendant quelque temps » dans cette importante position, mais à la fin » ils en furent débusqués. — Cartaux, général » républicain dont nous avons déjà parlé, s'a» vança à l'ouest de Toulon, à la tête d'une ar» mée considérable, tandis que le général La » Poype bloquait la ville du côté de l'est avec » une partie de l'armée d'Italie. — Le but des » Français était de s'approcher de Toulon par » les deux côtés du groupe des montagnes de » Pharon. Mais, du côté de l'est, la ville était » couverte par le fort régulier de la Malgue, et, » du côté de l'ouest de la rade, par un fort un » peu moins formidable, nommé le Malbosquet. » Pour soutenir le Malbosquet, et pour proté» ger l'entrée de la rade et du port, les ingé» nieurs anglais fortifièrent avec beaucoup de » talent une éminence nommée la hauteur de » Grasse. Cette éminence forme une espèce de » baie, dont les deux caps sont défendus par les

» redoutes de l'Éguillette et de Balaguière, com» muniquant avec le nouveau fort que les An» glais avaient nommé le fort Mulgrave. »

La position des Anglais était, comme on voit, assez belle; comment donc justifier leur défaite? un historien consciencieux n'oserait l'entreprendre; mais l'imagination du romancier est fertile en ressources, comme nous allons le voir. Après avoir remarqué que ces intrépides Anglais, qui, au dire de l'auteur, s'étaient maintenus si long-temps dans les gorges d'Ollioules, en furent chassés, après un combat de deux heures, par une poignée de républicains que commandait le général Cartaux, l'un des plus mauvais officiers de l'armée française :

«La sagacité de Napoléon ne fut point déçue » dans ses conjectures. Les officiers des troupes » alliées, après un conseil de guerre tenu à la » hâte, se décidèrent à évacuer Toulon, puisque » le poste enlevé par les Français forcerait les » vaisseaux anglais de quitter leur mouillage, » et qu'il les priverait de pouvoir faire leur re» traite s'ils laissaient passer ce moment. Lord » Hood ouvrit seul une proposition plus hardie, » et proposa une dernière tentative pour re-

» prendre le fort Mulgrave avec les hauteurs » qui le commandent; mais son courageux avis » fut rejeté, et l'on prit la résolution d'évacuer » la place; opération que la terreur panique » des troupes étrangères, et particulièrement » celle des Napolitains, eût rendue encore plus » horrible qu'elle le fut, sans la fermeté des » matelots anglais.

» La sûreté des malheureux habitants qui » avaient invoqué leur protection ne fut point » négligée au milieu même des embarras de la » retraite. Les nombreux vaisseaux marchands » et d'autres embarcations offrirent les moyens » de transporter ceux qui, dans la crainte du » ressentiment des républicains, préféraient » abandonner Toulon. Telle était la terreur » qu'inspirait la cruauté des vainqueurs, que » plus de quatorze mille personnes profitèrent » de ce malheureux refuge. Cependant il restait » encore autre chose à faire.

» On avait résolu que l'arsenal, les magasins » de la marine, ainsi que les vaisseaux français » qui n'étaient pas en état de tenir la mer, se- » raient détruits, et, en conséquence, on y mit » le feu. Cette tâche fut en grande partie con- » fiée à l'intrépidité éprouvée de sir Sidney

» Smith, qui la dirigea avec un ordre qui, tout » considéré, fut presque miraculeux. L'assis» tance des Espagnols fut offerte et acceptée; » ils se chargèrent de couler bas deux vaisseaux » qui servaient de magasin à poudre, et de dé» truire quelques uns de ceux qui étaient hors » de service. L'incendie, se déployant de plus » en plus en tourbillons de flammes rouges, » ressembla à un vaste volcan au milieu duquel » se distinguèrent long-temps les mâts et les » vergues des vaisseaux enflammés, et qui éclai» rait d'une sombre clarté la marche des troupes » républicaines, s'efforçant sur divers points » de pénétrer dans la place. Les jacobins de » Toulon commencèrent à se jeter sur les roya» listes en fuite; on entendait d'épouvantables » blasphèmes ainsi que les hurlements de la » vengeance, et les chœurs des chants révolu» tionnaires se mêler aux cris plaintifs et aux » supplications des derniers fugitifs qui n'a» vaient pas pu trouver les moyens de s'embar» quer. Les canons du fort Malbosquet étaient » tournés contre les remparts de la ville et aug» mentaient encore le tumulte. Mais tout-à-coup » une commotion, semblable à celle d'un trem» blement de terre, causée par l'explosion de

» plusieurs centaines de barriques de poudre, » imposa silence à tous les autres bruits; et l'on » vit, lancés au milieu des airs, des milliers de » brandons enflammés qui menaçaient d'une » ruine inévitable tous les points sur lesquels » ils allaient tomber. Une seconde explosion » eut également lieu comme dans le premier » magasin et produisit les mêmes effets terri- » bles.

» Cette épouvantable explosion, ajoutée à la » terreur d'une scène déjà si horrible par elle- » même, fut due aux Espagnols, qui mirent le » feu aux vaisseaux employés comme magasins » à poudre, au lieu de les couler bas, confor- » mément au plan qui avait été adopté. Soit par » mauvaise volonté, soit par défaut de soin ou » par timidité, ils ne furent pas heureux dans » les tentatives qu'ils firent pour détruire les » vaisseaux démâtés confiés à leurs soins, et qui » retombèrent entre les mains des Français, n'é- » tant que fort peu endommagés. La flotte bri- » tannique, suivie de la flottille encombrée de » fugitifs qu'elle escortait, abandonna Toulon » sans perte, malgré un feu assez mal dirigé sur » elle par les batteries dont les Français s'étaient » emparés. »

C'est en vain que, dans cette circonstance comme dans beaucoup d'autres, le romancier écossais se débat contre la vérité ; ces évènements sont trop récents pour qu'il soit possible de les dénaturer impunément : il faut le dire, la conduite des Anglais à cette époque fut atroce ; jamais on n'a plus lâchement abandonné à la fureur du vainqueur un allié dont le plus grand tort était d'avoir compté sur la loyauté britannique.

« L'amiral Hood, qui bloquait Toulon par mer, dit un écrivain véritablement impartial [1], avait, il est vrai, revêtu de couleurs spécieuses les propositions faites aux Toulonnais. *En agissant pour l'Angleterre seule,* il avait feint d'agir dans l'intérêt unique du roi de France.

« Déclarez-vous franchement pour la monar-» chie ; arborez, disait-il, le pavillon royaliste ; » désarmez vos vaisseaux, mettez les forts à » notre disposition, et je vous offre, au nom de » sa majesté britannique, tous les secours qui » sont en mon pouvoir. Non seulement vos » propriétés seront scrupuleusement respec-» tées ; mais le port, la flotte, les forteresses de

[1] Arnault, *Vie de Napoléon*.

» Toulon seront religieusement remis à la » France, dès que la paix aura été signée ; l'u- » nique but du roi d'Angleterre étant de rétablir » l'union des deux états sur des bases justes et » honorables. »

Voilà les promesses des Anglais. Veut-on savoir maintenant quelle fut leur conduite :

» . . . Cependant on emportait à la baïonnette les positions occupées par les Anglais sur les montagnes. Forcés d'évacuer la place, ils se retirèrent de nuit en signalant leur retraite par toutes les horreurs qui accompagnent un assaut, et en abandonnant, comme ils le firent depuis à Quiberon, à l'atroce vengeance des partis, les infortunés qu'ils étaient, disaient-ils, venus protéger. »

Mais, diront quelques partisans du nouvel historien, Walter Scott, en sa qualité d'Anglais, devait autant que possible justifier ses compatriotes !... Singulière justification qui prend sa source dans le mensonge ? Mais si Walter Scott se sentait incapable de dire toute la vérité, que ne se taisait-il ? Qui l'avait condamné à immoler ainsi sa réputation ? N'est-ce pas un spectacle affligeant et honteux que celui d'un homme célèbre vendant pour trois cent mille francs la gloire que son génie lui avait acquise!... Peut-être aussi, et nous aimons à le croire pour l'honneur des lettres, le nouvel historien n'a-t-il que le tort d'avoir écrit avec trop de précipitation : il n'aura su la vérité que trop tard : *son siége était fait.*

On voit à chaque page que l'écrivain écossais n'avait point pris la peine de s'entourer de documents authentiques; les plus petits détails de son livre sont remplis d'erreurs ou d'assertions fausses. C'est ainsi qu'il affirme que Napoléon étant venu à Paris au mois de mai 1795 pour solliciter de l'emploi dans son arme, il se trouva dans une telle indigence que le célèbre Talma l'obligea fort en lui prêtant quelque argent. Ce fait est faux; et si Walter Scott, lors de son voyage à Paris, avait pris la peine de faire une visite au grand tragédien que la France regrette, il lui eût été facile de rectifier ce passage. Il est vrai aussi qu'il eût écrit deux pages de moins, et il est raisonnable de faire le moins souvent possible des visites qui doivent coûter cinq guinées.

Sir Walter Scott dit encore dans le même chapitre, en parlant de Napoléon : « On lui » offrit un commandement dans la Vendée,

» qu'il refusa, et il fut enfin nommé comman-
» dant d'une brigade d'artillerie en Hollande. »
Eh bien, lorsque le romancier écrivait cela, il y avait déjà trois ans que M. Arnault avait publié le premier volume de son estimable ouvrage dans lequel on lit : « On a dit que Bona-
» parte avait enfin été nommé pour commander
» l'artillerie de l'armée de Hollande, *c'est une*
» *erreur*. Il était encore sans emploi dans l'ar-
» mée active, quand une nouvelle révolution
» le remit dans la route par laquelle il avait
» d'abord voulu marcher à la gloire et à la for-
» tune qui l'attendaient en Italie. »

Je le répète, ces erreurs sont peu importantes, mais ne montrent-elles pas avec quelle précipitation et quelle ignorance des faits l'écrivain écossais a fabriqué la prétendue histoire du plus grand capitaine de notre siècle ?

L'historien anglais rapporte avec plus d'exactitude les premières campagnes d'Italie. On voit bien qu'il n'y avait pas là d'armée anglaise ; on croirait presque lire les bulletins envoyés par le général : rien de neuf, des réflexions insignifiantes, des mots placés les uns après les autres sans talent et sans but, si ce n'est celui d'écrire longuement, le tout entrelardé de figures telles que celle-ci :

« Le vatican dormait comme un volcan dont » les foudres sont épuisées; et Venise, la plus » jalouse et la plus cruelle des oligarchies, fer- » mait alors ses oreilles et ses yeux fatigués aux » dénonciateurs et aux espions d'office. Les états » de l'Italie se soutenaient cependant encore, » tels qu'un groupe de vieux arbres dont le tronc » et les racines sont flétries, mais qui étalent » encore les vertes feuilles de quelques rameaux, » jusqu'au moment où l'invasion française fon- » dit sur eux comme l'ouragan qui achève d'a- » battre les restes de la forêt. »

Cela était sans doute très bien placé dans un roman écossais, pourquoi ne pas l'y avoir laissé ? Il paraît que dans cette circonstance le romancier a puisé quelquefois dans son porte-feuille; mais des lambeaux romantiques, quelque brillants qu'ils soient, ne sont-ils pas un peu surpris de se trouver cousus aux bulletins de la grande armée ?

Il ne faut pas croire cependant que la relation que fait sir Walter Scott soit toujours conforme à la vérité. S'il ne peut taire les victoires remportées par le héros dont il prétend écrire l'histoire, il ne laisse pas non plus de lui prodiguer le blâme, et, pour le faire avec une apparence de justice, il n'hésite pas à dénaturer les évènements. C'est ainsi qu'en parlant de la conspiration de Paris, il cherche à faire retomber tout l'odieux de cette affaire sur l'armée française et son chef.

« La noblesse et le clergé, dit-il, virent naturellement leur ruine dans le succès des Français ; et les basses classes du peuple se joignirent à eux dans cette circonstance, par haine contre les étrangers, par amour de l'indépendance nationale, ou par le ressentiment des exactions dont elles étaient les victimes, et à cause des actes sacriléges commis par les usurpateurs ultramontains. Environ trente mille insurgés prirent les armes ; mais, n'ayant pas de troupes régulières pour leur servir de point de ralliement, ils ne furent pas en état de soutenir le choc rapide des Français disciplinés.

» Bonaparte, jaloux d'éteindre un incendie aussi formidable, revint sur-le-champ de Lodi à Milan, à la tête d'une forte division, prit des mesures pour la sûreté de la capitale de la Lombardie, et se porta, dès le lendemain

» matin, sur Pavie, centre de l'insurrection. Le » village de Benasco, qui se défendit contre » Lannes, fut pris d'assaut; les habitants furent » passés au fil de l'épée, et les maisons pillées » et brûlées. Napoléon arriva en personne de- » vant Pavie, en fit enfoncer les portes par le » canon, dispersa facilement les insurgés à » moitié armés, et fit mettre à mort les chefs » de l'insurrection, pour les punir d'avoir essayé » de défendre l'indépendance de leur pays. Il » fit ensuite saisir plusieurs habitants et les en- » voya à Paris comme otages, pour répondre » de la soumission de leurs concitoyens.

» Le général français publia une proclama- » tion dans le style républicain, dans laquelle il » reprochait aux insurgés d'avoir osé prendre » les armes pour la défense de leur pays, et » menaçait du fer et du feu quiconque aurait à » l'avenir la même hardiesse. Il effectua ses me- » naces, quelques semaines après, lorsqu'une » semblable insurrection eut lieu dans les pro- » vinces appelées fiefs impériaux; et ensuite, » plus tard, à Lugo, quand cette ville osa oppo- » ser de la résistance. Dans ces deux circon- » stances, les chefs des habitants qui avaient pris » les armes furent livrés à une commission mi-

» litaire, condamnés et fusillés. Mais à Lugo, » pour se venger de la défaite éprouvée par un » escadron de dragons, la ville fut prise d'as- » saut, pillée et brûlée, et ses citoyens furent » passés au fil de l'épée, tandis que Bonaparte » semblait se faire un mérite, dans ses dépêches, » de la clémence des Français, qui épargnèrent » les femmes et les enfants. »

La mauvaise foi de ce récit est d'autant plus évidente, qu'il est facile de voir que l'auteur a consulté les écrivains français qui, avant lui, ont tracé l'histoire de ces immortelles campagnes d'Italie. Ce ne fut pas l'amour de la patrie qui fit prendre les armes au peuple, mais bien les manœuvres des prêtres et des nobles.

« Sous prétexte de leur respect pour l'éga- » lité républicaine, » dit un écrivain que nous aimons à citer, parcequ'il est véritablement impartial, « tous les grands renvoyèrent en même » temps leurs valets. C'était créer autant d'en- » nemis aux Français, responsables aux yeux » de ces fainéants, dont la paresse n'était plus » soldée, de la misère à laquelle ils ne pou- » vaient échapper que par le travail ou par le » crime.

» De leur côté, les prêtres, se prévalant de » ce qu'on avait enlevé l'argenterie des églises, » dénonçaient comme un sacrilége cette exécu- » tion du traité; et l'effet du ménagement dont » on avait usé envers le peuple, était une des » causes qui l'indisposaient le plus contre les » vainqueurs. »

Il est vrai que le village de Benasco fut brûlé; mais il est faux qu'on en ait massacré les habitants : plusieurs d'entre eux moururent les armes à la main; mais ce n'est pas là *passer les habitants au fil de l'épée.* L'historien anglais se garde bien de rapporter ces paroles de Napoléon, à propos de la prise de Benasco : « Quoi- » que nécessaire, ce spectacle n'en était pas » moins horrible. J'en fus affecté; mais je pré- » voyais que des malheurs plus grands encore » menaçaient Pavie. » Ce fut pour prévenir ces malheurs que Napoléon publia cette proclamation dont le romancier d'Édimbourg parle avec tant de dédain. Pourquoi donc ce nouvel historien a-t-il négligé de grossir son livre en rapportant cette pièce? Est-ce qu'il n'aurait pas eu le temps de la lire, ou bien aurait-il sacrifié ce document au plaisir de jeter le ridicule sur son auteur? c'est ce que nos lecteurs décideront après avoir lu la proclamation dont il s'agit :

« Une multitude égarée, sans moyens réels » de résistance, se porte aux derniers excès dans » plusieurs communes, méconnaît la répu- » blique et brave l'armée triomphante de plu- » sieurs rois. Ce délire inconcevable est digne » de pitié. *L'on égare ce pauvre peuple pour le » conduire à sa perte.* Le général en chef, fidèle » aux principes adoptés par la nation française, » qui ne fait pas la guerre aux peuples, veut » bien laisser une porte ouverte au repentir; » mais ceux qui dans vingt-quatre heures n'au- » ront pas posé les armes, n'auront pas prêté » de nouveau serment à la république, seront » traités comme rebelles : leurs villages seront » brûlés. Que l'exemple terrible de Benasco » leur fasse ouvrir les yeux ! Son sort sera celui » de toutes les villes et villages qui s'obstine- » ront à la révolte. »

Est-ce donc là le langage d'un furieux? n'est-il pas évident qu'il ne menace que pour n'être pas obligé de punir? Il plaint ce pauvre peuple *qu'on égare;* il voudrait l'arracher aux dangers qui le menacent, et, pour y parvenir, il ne s'en tient pas à de simples paroles; mais il se fait accompagner par l'archevêque de Milan et se rend aux portes de Pavie, foyer de l'insurrection; il espère que les exhortations de ce pontife calmeront les esprits; il a surtout le soin de faire pénétrer sa proclamation dans la ville, et ce n'est qu'après avoir épuisé tous les moyens de conciliation qu'il a recours à la force. Voilà ce que l'historien anglais ne dit pas, et ce qu'il devait dire pour montrer l'impartialité qu'il avait promise, et qui pouvait seule lui mériter l'estime des honnêtes gens.

C'est avec la même bonne foi qu'il rend compte ensuite de la prise de Livourne : il plaint bien sincèrement le grand duc de Toscane, auquel, si l'on en croit le nouvel historien, la domination des Anglais plaisait fort. Ce passage est vraiment curieux.

« L'archiduc de Toscane fut celui qui subit » ensuite le joug républicain. Il est vrai que ce » prince n'avait offensé en aucune manière la » république française; qu'il pouvait au con- » traire se faire un mérite auprès d'elle d'avoir » été la première puissance en Europe qui l'eût » reconnue comme un gouvernement légal, et » que depuis il avait toujours conservé d'étroites » relations d'amitié avec elle. Il semblait aussi

» que, si la justice réclamait que ce prince fût » ménagé, l'intérêt même de la France ne pou» vait s'y opposer. Ses états ne pouvaient avoir » aucune influence sur le sort de la guerre dont » on était menacé, puisqu'ils étaient placés à » l'ouest des Apennins. Aussi, dans cette cir» constance, si l'on se fût emparé de son mu» séum, ou si l'on eût essayé de faire des réqui» sitions sur son territoire, cela eût été regardé » comme une injustice envers les plus anciens » alliés de la république française; Bonaparte » se contenta donc de s'emparer du port de Li» vourne, appartenant au grand duc, de con» fisquer les marchandises anglaises que ses » sujets avaient importées, et de ruiner totale» ment le seul commerce florissant du duché. » C'était le but principal des Français de sur» prendre les navires anglais, qui, se fiant au » respect dû à une puissance neutre, s'étaient » rendus en grand nombre dans ce port. Les » marchands anglais furent avertis assez à temps » pour faire voile pour la Corse; mais une très » grande quantité de leurs marchandises resta » entre les mains des Français.

» Tandis que le général de l'armée d'Italie » violait ainsi la neutralité du grand duc, en

» occupant par surprise son meilleur port, et en » détruisant le commerce de ses états, ce malheureux prince se vit obligé de le recevoir à » Florence avec les mêmes égards qui seraient » dus à un véritable ami, et de déclarer lui avoir » les plus grandes obligations pour sa bienveillance, pendant que Manfredini, ministre de » Toscane, cherchait à jeter un voile de décence » sur l'affaire de Livourne, en alléguant que les » Anglais étaient plus maîtres dans ce port que » ne l'était le duc lui-même. Bonaparte dédaigna d'avoir recours à une apologie : « Le pavillon français, dit-il, a été insulté à Livourne ; vous n'êtes pas assez forts pour le » faire respecter. Le directoire m'a ordonné de » me rendre maître de la place. » Peu de temps » après, pendant que Bonaparte s'entretenait » avec le grand duc à Florence, il reçut la nouvelle que la citadelle de Milan s'était enfin » rendue. Il se frotta les mains d'un air fort satisfait ; et se tournant vers le grand duc, il lui » fit remarquer « que l'empereur son frère venait de perdre le dernier de ses domaines dans » la Lombardie. »

Il y a dans ce récit trois choses bien distinctes : inexactitude, mensonge, et réticence. Il n'est pas exact de dire que les Français violèrent la neutralité ; ils entrèrent à la vérité dans un pays neutre, mais c'était pour en chasser les Anglais, qui les premiers l'avaient violée cette neutralité, en s'emparant, chaque jour, des bâtiments français, *sous le canon des forts de Livourne.* Lorsque Murat entra dans cette ville, il ne restait dans le port qu'une frégate anglaise qui, quelques heures auparavant, s'était emparée, dans le port même, de deux navires français dont la cargaison était estimée un million. Il est faux que le ministre de Toscane ait cherché à jeter *un voile de décence* sur cette affaire : le grand duc approuva ouvertement la conduite des Français, et il donna lui-même l'ordre d'arrêter le commandant de Livourne. D'ailleurs, ainsi que le fait observer un écrivain judicieux, « qu'elle fût faite avec » ou sans l'agrément du gouvernement toscan, » cette expédition n'en était pas moins juste : » dans le premier cas, elle vengeait deux al» liés ; dans le second, elle punissait deux en» nemis. »

A qui Walter Scott espère-t-il faire croire que, lorsque Bonaparte reçut la nouvelle de la prise de la citadelle de Milan, « il se frotta les

» mains d'un air fort satisfait; et se tournant » vers le grand duc, il lui fit remarquer *que* » *l'empereur son frère venait de perdre le dernier* » *de ses domaines dans la Lombardie?* » Le caractère et les mœurs des Français ne suffisent-ils pas pour démentir ce fait?... Nous osons affirmer que le dernier caporal de l'armée était incapable de manquer si grossièrement aux convenances, et c'est à un homme qui a donné mille preuves de générosité et de grandeur d'âme qu'on ose imputer ce fait!...

La vérité est que Bonaparte dînait avec le grand duc lorsque cette nouvelle arriva, et que « les deux convives eurent assez d'empire sur eux-mêmes, l'un pour ne pas laisser éclater sa joie, et l'autre pour cacher toute sa tristesse. »

Au reste, nous convenons volontiers que tant qu'il ne se rencontre pas d'Anglais sur son chemin, Walter Scott est plus supportable; pour les évènements politiques il s'est contenté de copier madame de Staël, qu'il a la bonne foi de citer deux ou trois fois, mais dont il devrait dans ces passages mettre le nom à chaque. Quant à Bonaparte, il lui accorde de grands talents militaires, du génie; puis, quelques pages plus loin, il l'appelle Jupiter Scapin, et il ne manque pas de se moquer de toutes les proclamations de ce grand homme; et il est aisé de voir qu'il a pris la peine, pour se donner cette petite satisfaction, de travestir toutes ces pièces. On croirait voir le diable qui, forcé de louer Dieu, s'en dédommage en lui faisant des grimaces. Il est très plaisant de voir *l'enflure* et *le pathos* reprochés au style de Napoléon, par un homme qui écrit des phrases comme celle-ci : « Ce fut pendant cette nuit de » terreur, au milieu du feu, des pleurs et du » sang, que l'étoile de Napoléon commença à » apparaître sur l'horizon, et, quoiqu'elle ait » brillé sur plus d'un champ de carnage avant » de s'éteindre, on peut cependant douter que » jamais ses rayons se soient mêlés à ceux d'un » plus affreux spectacle. »

Après l'histoire de la conquête d'Italie, vient un long *appendice*. Le romancier écossais nous avait dit qu'il placerait là les documents précieux qu'il s'était procurés... Pauvres lecteurs, à qui cette promesse a fait supporter l'ennui d'une si longue et indigeste lecture!... qu'avez-vous trouvé là? une anecdote qui a traîné partout, qui se trouve dans cinquante brochures,

Cette anecdote est historique, à la bonne heure; mais nous donner cela comme un document précieux, n'est-ce pas se moquer des gens un peu trop ouvertement?... Une chose à laquelle on était également loin de s'attendre, c'est la réimpression, dans cet appendice, d'une brochure que publia dans sa jeunesse Napoléon, bien éloigné alors de prévoir que cette pièce vaudrait un jour cinquante guinées à un romancier d'Édimbourg.... Ah! si nous avions un Voltaire, comme il fustigerait ce nouveau La Beaumelle!

CHAPITRE III.

Voici venir la relation de la campagne d'Égypte, et ici l'historien anglais ne prend pas la peine de dissimuler sa mauvaise humeur. Selon lui, la bataille des Pyramides ne fut qu'une escarmouche. Napoléon ordonne que les mœurs et la religion des habitants du pays soient respectées; et dès lors le chef de l'armée française n'est plus qu'un renégat, et sa conduite, digne des plus grands éloges aux yeux des gens de bien, n'est à ceux de Walter Scott que celle d'un traître. Après l'insurrection du Caire, Bonaparte veut essayer par une proclamation de calmer les esprits : pour être mieux compris, il écrit cette pièce dans le style oriental ; et l'écrivain anglais ose dire :

« Il était évident, d'après cette singulière » proclamation, que Bonaparte voulait être » adoré comme un être surnaturel, aussitôt que » les autels seraient élevés et les adorateurs réu- » nis ; mais les Turcs et les Arabes étaient plus » sages que ne furent les Perses à l'occasion du » jeune Ammon. »

Jamais, peut-être, on n'a entassé plus d'absurdités en si peu de lignes. Et qu'on ne croie pas que cette accusation soit une plaisanterie de l'écrivain qui la porte ; la preuve qu'il parle sérieusement, c'est qu'il emploie ensuite toute sa logique pour prouver qu'il aurait eu tort de se faire passer pour dieu :

« La croyance, dit-il, qu'il avait à la prédes- » tination, le disposait en faveur de la religion » mahométane ; et il avait en particulier le plus » grand respect pour le prophète de la Mecque, » comme ayant été un de ces hommes rares qui

» ont opéré des révolutions extraordinaires et » d'un effet durable. Peut-être enviait-il le pou- » voir qu'eut Mahomet de gouverner les hom- » mes et leur imagination, et que, séduit par » son exemple, il eût voulu jouer un rôle que » le temps, les circonstances, le caractère de » son armée et le sien propre, rendaient à peu » près impossible. Jamais homme ne parvint à » se faire passer pour un personnage surnaturel » sans être lui-même, jusqu'à un certain degré, » la dupe de sa propre imposture; et l'âme de » Napoléon, toujours guidée par le calcul et la » réflexion, était privée de cet enthousiasme qui » permet à un homme de se tromper assez lui- » même pour qu'il puisse facilement en imposer » aux autres. Les soldats français, élevés dans » le mépris de toutes les religions, n'auraient vu » que le côté ridicule des prétentions de leur » chef. »

En vérité, quand on rencontre de pareilles choses dans un ouvrage long-temps prôné comme un chef-d'œuvre, il ne faut pas être dépourvu d'une certaine dose de courage pour en continuer la lecture. Et qu'on n'aille pas croire que ces rencontres sont rares, elles pullulent dans l'ouvrage; ainsi, deux pages après la citation que nous venons de faire, on lit:

« Il visita les célèbres fontaines de Moïse, et » faillit se noyer dans la mer Rouge, par la faute » de son guide: ce qui, à ce qu'il nous dit lui- » même, aurait fourni un beau texte à tous les » prédicateurs de l'Europe; mais la Divinité, » qui rendit ce golfe si fatal à Pharaon, avait » réservé pour celui qui défiait également son » pouvoir, les rochers d'une île sauvage au mi- » lieu de l'Atlantique. »

Quel singulier mélange de superstition et de cruauté!.... C'est dans le même paragraphe qu'on accuse la Divinité d'avoir jeté dans une île sauvage, au milieu de l'Atlantique, l'homme qu'elle avait sauvé des flots de la mer Rouge! On s'aperçoit aisément que sir Walter Scott redoute le moment où il lui faudra entreprendre le récit de la longue agonie de son héros; il voudrait accoutumer le lecteur à ne voir dans le crime du gouvernement anglais qu'un juste arrêt de la Providence..... Eh bien soit! mais après nous avoir nommé le juge, dites-nous donc quel fut le bourreau.....

Une chose vraiment remarquable, c'est l'adresse avec laquelle l'écrivain anglais insinue la calomnie. Par exemple, à propos du prétendu empoisonnement des pestiférés de Jaffa, il présente d'abord le fait comme vraisemblable; puis il a soin de l'étayer d'une foule de circonstances qui semblent prouver que cet horrible crime a en effet été commis, et ce n'est que lorsqu'il croit avoir fait pénétrer la persuasion dans l'esprit du lecteur, qu'il hasarde quelques mots de justification en faveur de l'accusé. Ainsi, en parlant des malades, il dit:

« Il ne restait à l'hôpital, selon les rapports » les plus exagérés, que vingt ou trente mala- » des dont l'état était désespéré: suivant Bona- » parte lui-même, il n'y en avait que sept. Ils » étaient atteints de la peste: les emmener avec » l'armée, c'était risquer de répandre la conta- » gion; les laisser à l'hôpital, c'était les livrer à » la cruauté des Turcs, qui massacraient, sou- » vent avec des raffinements de torture, les traî- » nards et les prisonniers. Ce fut dans de telles » circonstances que Bonaparte avait, disait-on, » proposé à Desgenettes, chef du service mé-

»dical, de mettre fin aux souffrances de ces »infortunés par une dose d'opium. Desgenet»tes répondit, avec l'héroïsme qui distingue »l'honorable profession de médecin, que son »art lui enseignait à guérir les hommes, mais »non pas à les tuer.»

Voilà l'accusation, voici maintenant comment Walter Scott la soutient :

« Une semblable proposition était conforme »aux principes de Bonaparte, qui, s'étant fait »l'avocat de la légalité du suicide, devait na»turellement penser que si un homme a le droit »de se soustraire à des maux insupportables en »se débarrassant de la vie, un général ou un »souverain pouvait étendre sur ses soldats ou »sur ses sujets l'acte qu'il exercerait sur lui»même dans un cas analogue. Cette accusation »était d'accord avec le caractère de l'homme qui »envisageait en tout les résultats plutôt que les »mesures qui les avaient produits, considé»rant presque toujours la fin comme une ex»cuse pour les moyens.»

On voit, d'après le romancier, que si Napoléon ne commit point ce crime, il était au moins capable de le commettre. Cependant comme depuis long-temps la fausseté de cet épisode est reconnue, et que le nouvel historien ne se sent pas le courage de dépouiller toute pudeur, il veut bien présenter quelques mots de justification en faveur du général français.

« Empoisonner les malades et les blessés, » dit-il, c'eût été perdre la confiance de ses autres soldats, tandis qu'il ne pouvait craindre » d'exciter parmi eux aucun mécontentement » en abandonnant des mourants, puisque l'intérêt de l'armée aussi bien que celui du général exigeaient que la retraite ne fût pas embarrassée et s'effectuât le plus promptement » possible. Enfin, si on avait adopté un expédient aussi horrible, il fût venu à la connaissance de sir Sidney Smith, qui n'aurait pas » manqué de lui donner de la publicité, ne fût-ce que pour venger les Anglais des odieuses » accusations dont Bonaparte les avait chargés. »

Eh quoi! c'est après avoir si indignement calomnié Napoléon que vous osez lui reprocher les accusations dont il chargea les Anglais! Et que pouvait-il leur reprocher de pis que ce dont ils étaient réellement coupables? Ne fut-ce pas des rangs de ces mêmes Anglais que partit l'accusation d'empoisonnement rapportée par vous avec tant de complaisance, et que vous ne semblez combattre que pour lui donner plus de poids. Nous avons sous les yeux dix relations dans lesquelles la fausseté de cette imputation est démontrée ; c'était là qu'il fallait puiser et non dans les gazettes de Londres. Écoutez donc ce que dit un homme d'honneur, puisque vous feignez de l'ignorer.

« Le premier auteur de cette accusation est » un nommé Royer, pharmacien de l'armée. » Convaincu d'avoir chargé de vins et de li- » queurs spiritueuses les chameaux destinés à » transporter en Syrie les médicaments, ce » fonctionnaire avait été destitué par le géné- » ral en chef. N'osant revenir en France, où il » craignait de recevoir le prix de cette homicide » infidélité, et resté au milieu des Anglais après » que l'Égypte eut été évacuée par nos troupes, » il le calomnia pour se justifier, et se préten- » dit condamné à un exil perpétuel par la po- » litique de Bonaparte, qui, disait-il, voulait » tenir éloigné l'agent dont il s'était servi pour » se débarrasser des pestiférés de Jaffa. Comme » si, maître d'en effacer la trace, l'homme ca- » pable de recourir à une pareille mesure mal-

» gré l'avis général, aurait épargné un confi» dent sur la discrétion duquel il avait si peu » droit de compter, et qu'il avait pu anéantir » en l'abandonnant au tribunal militaire dont » ses vols le rendaient justiciable! Quoi qu'il en » soit, les Anglais accueillirent avec avidité cette » calomnie, que l'honorable général Wilson lui» même n'a que trop accréditée. Mais le temps » est venu où les honnêtes gens qui l'ont pro» pagée d'après lui, se font, comme lui, un de» voir de la détruire, et répètent avec la loyauté » dont il donne l'exemple : *J'ai dit ce qu'alors* » *je croyais vrai.* »

Voilà ce qu'il fallait dire, sir Walter Scott, pour nous prouver que l'auteur des *Lettres de Paul*, abjurant un sot orgueil national, était devenu un homme impartial ; ou plutôt, il fallait vous taire, et jeter au feu cette indigeste compilation que vous croyez être une histoire, et qui n'est qu'une espèce de contrat par lequel vous avez échangé votre réputation contre quelques pièces d'or.

Passons sur une foule de détails minutieux, souvent inexacts, mais trop peu importants pour être réfutés, et arrivons au retour de Bonaparte en Europe. L'historien anglais n'est pas ici plus heureux que dans tant d'autres endroits; je dis heureux, car il est évident que n'ayant point le temps de rassembler et de consulter tous les documents nécessaires, il a pris au hasard la première relation qui s'est trouvée sous sa main; et comme il en existe de bonnes, il n'était pas impossible que sir Walter Scott les rencontrât. C'est malheureusement ce qui n'arrive jamais; on dirait qu'un mauvais génie le force sans cesse à passer à côté de la vérité.

« Bonaparte, dit-il, s'était fait précéder du » récit de ses campagnes en Afrique et en Asie. » La brillante victoire d'Aboukir lui avait fourni » l'occasion de passer légèrement sur le mauvais » succès de ses opérations en Syrie, sur la perte » de sa flotte et le danger de Malte étroitement » bloqué par la flotte anglaise. Toutefois ses » dépêches ne pouvaient faire penser au retour » soudain d'un général engagé dans une expé» dition étrangère aussi importante, sans avoir » de meilleures raisons à alléguer, sinon qu'il » croyait que ses talents seraient plus utiles à » la patrie en France qu'en Égypte. Pouvait-on » s'attendre à le voir abandonner son armée à » son sort, et, sans permission ni ordre du gou» vernement, venir offrir ses services là où ils

» n'étaient ni demandés ni désirés peut-être? » Tout autre dans les mêmes circonstances, ou » Bonaparte lui-même, à une autre période de » la révolution, eût été reçu du public avec » défaveur; et par le gouvernement, il aurait » été soumis à une enquête sévère, sinon dé- » noncé.

» Mais telle était alors la confiance de tous » en ses talents, qu'on fut charmé de son re- » tour, et personne ne songea à s'informer en » vertu de quelle autorité il avait quitté l'É- » gypte. Il fut fêté partout comme un monarque » victorieux qui rentre dans son royaume par- » ceque cela lui convient ainsi. On sonna les » cloches, on illumina les villes: un délire de » joie s'empara de tous les esprits, et le messa- » ger qui vint annoncer son débarquement fut » reçu comme s'il eût appris aux Parisiens la » nouvelle du gain d'une bataille importante.»

Voilà bien des phrases que le nouvel historien se serait épargnées s'il avait su ce qui est aujourd'hui prouvé jusqu'à l'évidence; c'est qu'avant de partir pour l'Égypte, Napoléon avait obtenu du directoire l'autorisation de stipuler avec toutes les puissances les traités qu'il croirait convenables; de tenter toutes les entreprises qu'il croirait utiles; de se choisir un successeur, et de revenir en Europe. Cela est si vrai, que six mois avant de remettre à Kléber le commandement de l'armée, Bonaparte écrivait au directoire : « Si, dans le cou- » rant de mars, le rapport du citoyen Hamelin » m'était confirmé, et que la France fût en » guerre avec les rois, je passerais en France. »

Le directoire, de son côté, écrivait à Napoléon :

« Les efforts extraordinaires, citoyen géné- » ral, que l'Autriche et la Russie viennent de » développer, la tournure sérieuse et presque » alarmante que la guerre a prise, exigent que » la république concentre ses forces. Le direc- » toire vient, en conséquence, d'ordonner à » l'amiral Bruix d'employer tous les moyens qui » sont en son pouvoir pour se rendre maître de » la Méditerranée et pour se porter en Égypte, » à l'effet d'en ramener l'armée que vous com- » mandez. Il est chargé de se concerter avec » vous sur les moyens à prendre pour l'embar- » quement et pour le transport. Vous jugerez, » général, si vous pouvez, avec sécurité, laisser » en Égypte une partie de vos forces. Le direc- » toire vous autorise, dans ce cas, à en confier

» le commandement à qui vous jugerez convenable.

» Le directoire vous verrait avec plaisir ramené à la tête des armées républicaines que vous avez, jusqu'à présent, si glorieusement commandées.

» *Signé* TREILLARD, LA RÉVEILLÈRE-
» LÉPAUX ET BARRAS. »

Ces pièces sont authentiques ; elles sont connues de tous les hommes qui se sont occupés de l'histoire contemporaine ; eh bien, sir Walter Scott ne soupçonne pas même leur existence, et cette phrase en est une preuve irrécusable :

« On doit supposer que les membres du gouvernement ressentirent une inquiétude et des alarmes qu'ils s'efforcèrent de cacher pour paraître partager la joie générale. »

Le nouvel historien n'est ni plus heureux, ni plus impartial, ni plus exact dans le récit qu'il nous fait de la révolution qui renversa le directoire. Par exemple, il assure que le 15 brumaire, les initiés résolurent de mettre leur plan à exécution le 18 ; et il est certain que Bonaparte avait résolu de frapper le 17 le grand coup qu'il méditait depuis son retour d'Égypte. Cette inexactitude est peu importante, il est vrai ; mais comment se fait-il qu'un homme qui dit avoir consulté tous les documents nécessaires au grand travail dont il s'est occupé, ait ignoré la relation que l'un des initiés a lui-même publiée depuis plusieurs années, et que nous croyons devoir rapporter ici ?

« Tout semblait d'accord ; le 17 brumaire » avait été indiqué pour l'exécution. Néanmoins, il avait été convenu qu'un des initiés » viendrait chez Bonaparte, dans la soirée du » 16, prendre l'ordre définitif pour le transmettre aux principaux agents qui l'attendaient réunis chez le ci-devant ministre. » Chargé de cette mission, je me rends chez » le général, où je trouve le président du gouvernement et le ministre de la police, qui » plaisantait avec eux sur la conspiration dont » le secret commençait à transpirer. « A quelle » heure demain ? lui dis-je, dès que le départ » de ces deux témoins m'eut permis de parler » librement. — Rien demain, me répondit-il. » — Rien ! — La partie est remise. — Au point » où en sont les choses ! — Après-demain tout » sera terminé. — Mais demain que n'arrivera-

» t-il pas? Vous le voyez, général, le secret » transpiré. — Ces anciens sont des gens timo- » rés; ils demandent encore vingt-quatre heu- » res de réflexion. — Et vous les leur avez ac- » cordées! — Où est l'inconvénient? je leur » laisse le temps de se convaincre que je puis » faire sans eux ce que je veux faire avec eux. » Au 18 donc, ajouta-t-il avec cet air de sécurité » qu'il conservait sur le champ de bataille, où » il me semblait ne s'être jamais autant exposé » qu'il s'exposait alors au milieu de tant de » factions, par ce délai que rien ne le put dé- » terminer à révoquer. »

Une anecdote si authentique, et qui peint si bien le caractère du personnage dont Walter Scott prétend avoir écrit l'histoire, était-elle à dédaigner? En supposant que le nouvel historien n'ait pas eu le temps de la lire, que ne faisait-il comme cet honnête expéditionnaire qui disait, en parlant des rapports qu'il était chargé de mettre au net: « Je les copie, c'est vrai; mais » je ne les lis pas. »

Plus loin l'historien anglais nous dit: « Gohier et Moulins signèrent aussi leur démis- » sion... » Puis il ajoute: « Si au lieu de donner » leur démission, Barras, Gohier et Moulins

» s'étaient réunis aux chefs de ce parti, ils au-» raient pu causer beaucoup d'embarras à Bo-» naparte, quelque heureux qu'il eût été jus-» que là. »

Eh bien, il n'est pas en France un homme de quarante ans qui ne sache que Gohier refusa constamment de donner sa démission. Loin de suivre l'exemple des autres directeurs, il déclara qu'il mourrait à son poste plutôt que de l'abandonner dans ce moment de crise. Cette belle conduite n'eut, à la vérité, aucune influence sur les évènements. Mais, nous le répétons, que penser d'un écrivain qui, après avoir promis la plus grande impartialité et la plus scrupuleuse exactitude, entasse à chaque page les calomnies et les erreurs les plus grossières? Enfin, il n'est pas jusqu'aux discours que Napoléon prononça dans cette circonstance, qui ne soient falsifiés, tronqués, dénaturés à tel point, que le traducteur français s'est cru obligé de les rétablir.

Après avoir dit quelque chose du gouvernement du premier consul, Walter Scott revient aux affaires d'Égypte; mais, ne pouvant se dispenser de parler de la conduite de l'Angleterre envers les petites puissances du Nord, il en fait une espèce de transition, et l'on reconnaît encore, en cet endroit, la bonne foi ordinaire du nouvel historien :

« Tout le monde, dit-il, sait ce qui arriva relativement aux puissances du Nord. Le gouvernement envoya sans délai une flotte nombreuse dans la Baltique; et la sanglante bataille de Copenhague détacha le Danemarck de la confédération. »

Oui sans doute, tout le monde sait cela; mais tout le monde savait aussi ce que vous avez pris la peine de raconter si longuement. Pourquoi donc êtes-vous tout-à-coup devenu si sobre de détails? Est-ce que vous craindriez d'être forcé d'avouer que la flotte anglaise vint, en pleine paix, bombarder et détruire la capitale du Danemarck?... Pourquoi, à propos de la mort de Paul Ier, vous bornez-vous à dire: « Ce malheureux prince avait lassé la patience de ses sujets? » Pourquoi ne dites-vous rien de ce rapprochement que fit alors Napoléon : « Paul Ier est mort dans la nuit du 23 au 24 mars; et l'escadre anglaise a passé le Sund le 30!... » Osez donc maintenant nous parler de la loyauté britannique! Vantez-nous votre impartialité; lisez sans rougir, si vous le pouvez, les éloges que font de votre libelle les journaux vendus au pouvoir!...

Grâce à l'ineptie du général Menou, l'armée française qui avait conquis l'Égypte fut obligée d'évacuer ce pays où les Anglais venaient de débarquer une armée nombreuse. Cette fois le tort de sir Walter Scott se borne à attribuer à l'habileté des généraux anglais des avantages qu'ils ne durent qu'à l'incapacité d'un général français. Nous ne voulons pas insister sur ce point, et, nous bornant à rappeler que l'assassinat de Kléber et celui de Paul Ier précédèrent les avantages dont la jactance anglaise fait tant de bruit, nous passerons, dans le chapitre suivant, à l'expédition préparée à Boulogne. Toutefois, nous avouerons, en terminant celui-ci, que l'ouvrage de sir Walter Scott répond entièrement à l'idée que nous en avions conçue avant sa publication. Un homme qui réunit les qualités d'Anglais, de tory et d'écrivain de parti; un homme qui jusqu'a lors n'avait employé son talent qu'à vanter les douceurs et les beautés du régime féodal; un homme enfin qui avait contemplé avec une joie féroce un champ de bataille couvert de corps mutilés, un tel homme nous semblait incapable d'écrire l'histoire de notre époque. Mais dès qu'il fut avoué que cette prétendue histoire n'était faite que pour gagner de l'argent, nous avons pensé qu'au lieu d'un libelle comme les *Lettres de Paul*, nous n'aurions qu'une longue, lourde, mensongère et extravagante compilation. Le lecteur a déjà été à même de juger si nous avions deviné juste.

CHAPITRE IV.

Lorsque Napoléon apprit que l'Égypte était perdue pour la France, il s'écria : « Il ne nous reste plus qu'à faire une descente en Angleterre ! » Ces paroles du premier consul ne furent point stériles, et sir Walter Scott nous fait la grâce d'en convenir ; il avoue même que les préparatifs de cette expédition donnèrent de sérieuses inquiétudes au gouvernement britannique ; laissons-le parler :

« Boulogne et tous les ports du littoral fu» rent bientôt encombrés de bateaux plats ; de » nombreuses troupes destinées à l'expédition

» étaient réparties dans divers camps sur le ri- » vage. »

Voilà pour la vérité, et la part, comme on le voit, n'est pas forte ; voici maintenant les fanfaronnades :

« D'immenses apprêts eurent lieu pour la ré- » ception de l'ennemi, dans le cas où il eût réussi » à débarquer; mais en même temps nous pen- » sâmes à notre rempart naturel. Une grande » flotte fut rassemblée ; et ce qui inspirait plus » de confiance encore que le nombre des vais- » seaux et des canons, c'était la présence de » Nelson, chargé du commandement de la mer, » depuis Orfordness jusqu'à Beachy-Head. Avec » un tel amiral, la question fut bientôt, non » pas si la flottille française envahirait nos riva- » ges, mais si elle resterait en sûreté dans les » ports de France. Boulogne fut bombardé ; on » coula quelques petits vaisseaux et chaloupes » canonnières, l'amiral anglais ayant la généro- » sité d'épargner la ville. Non content de cet » avantage partiel, Nelson voulut tenter une » attaque avec les canots de son escadre. Les » Français, de leur côté, avaient fait des prépa- » ratifs extraordinaires de défense. Leur flot- » tille était amarrée tout près du rivage, à l'en-

» trée du port de Boulogne, les vaisseaux liés » entre eux par de fortes chaînes et remplis de » soldats. L'attaque de Nelson manqua en par- » tie parceque la nuit empêcha les canots de » combiner leurs manœuvres. Plusieurs vais- » seaux français furent pris, mais ne purent être » emmenés. »

Voilà, il faut l'avouer, un amiral anglais bien généreux, et nous regrettons bien sincèrement qu'il n'ait pas fait usage de cette générosité en faveur de ces pauvres habitants de Copenhague qu'il traita avec tant d'inhumanité; n'est-il pas un peu extraordinaire de voir si généreux en temps de guerre, un amiral si terrible en temps de paix? ou plutôt ne pourrait-on attribuer aux canons français la modération de ce grand guerrier? Comment Walter Scott ose-t-il répéter cette assertion par laquelle l'amiral se couvrit de ridicule: « Les » vaisseaux français étaient liés entre eux par » de fortes chaînes? » La seule chaîne qui, deux fois, contraignit Nelson à prendre la fuite, fut le talent et la bravoure de l'amiral Latouche-Tréville, qui fit éprouver aux Anglais, dans cette circonstance, des pertes considérables.

« — A moi! capitaine, criait un caporal,

j'ai fait six prisonniers. — Amène-les, répond l'officier. — Mais ils ne veulent pas venir. — Viens donc seul. — Capitaine, ils ne veulent pas me laisser aller. »

Qui se serait attendu à retrouver cette mauvaise plaisanterie dans l'histoire de Napoléon? elle s'y trouve cependant, en d'autres termes: « Plusieurs vaisseaux français furent pris, » mais ne purent être emmenés. » Cette phrase est si ridicule, que le traducteur français a pris lui-même la peine de la réfuter, dans une note où il dit: « *Être obligé de laisser à quelqu'un* » *ce qu'on lui a pris, c'est n'avoir rien pris du* » *tout.* »

Il se trouve un second *appendice*, et, comme la première fois, l'infatigable compilateur le remplit de fragments de brochures, et d'anecdotes rebattues. Par exemple, était-il bien nécessaire de faire un *appendice* pour nous apprendre que le seul sang versé, lors du débarquement des Français sur les côtes du pays de Galles, en 1796, « fut celui d'un maraudeur » français, surpris par un fermier gallois, au » moment où il dévastait son poulailler. Le » hardi Breton, d'un grand coup de fléau sur la » tête, abattit le pillard, et il l'enterra dans le

» tas au fumier, sans savoir qui il venait de » tuer ; ce ne fut que par le bruit public qu'il » apprit qu'il avait tué un des Français qui ve- » naient d'envahir le pays, et alors il fut aussi » charmé que surpris de sa propre valeur. »

Voilà, en vérité, qui est bien digne de l'histoire ! En vain nous dirait-on que sir Walter Scott ne devait pas oublier qu'il écrivait pour des Anglais : il y a sans doute bien des manières de faire un livre, et de gagner de l'argent ; mais il n'y en a qu'une de dire la vérité : malheur à l'écrivain qui ne l'emploie pas, car il n'a aucun droit à l'estime des hommes !... Reprenons le cours des évènements. C'est maintenant de la paix d'Amiens qu'il est question ; laissons parler le nouvel historien.

« A la vérité, les deux pouvoirs contractants » étaient parvenus à s'entendre sur les articles » spéciaux du traité d'Amiens ; mais ils conce- » vaient bien différemment la nature d'un état » général de pacification, et les rapports qu'il » devait établir entre deux nations indépen- » dantes. Homme d'un rare mérite personnel et » d'une égale probité, le ministre anglais se per- » suadait, sans doute, que la paix devait pro- » duire son effet ordinaire, et rétablir le cours

» des relations amicales entre la France et l'An-
» gleterre. »

Il nous paraît évident que Walter Scott, voulant nous faire croire ici à la bonne foi du gouvernement anglais, avait déjà oublié ce passage de son précédent chapitre :

« Napoléon, s'il avait voulu apprécier à fond
» les sentiments des Anglais, aurait bien vu que
» ce traité, accordé à regret par eux, et seule-
» ment par forme d'épreuve, devait avoir une
» durée plus ou moins longue en proportion
» de leur confiance en sa bonne foi. Son ambi-
» tion et son peu de scrupule à la satisfaire
» étaient, il devait bien le savoir, la terreur de
» l'Europe : jusqu'à ce que les craintes qu'il
» excitait fussent désarmées par une suite de
» procédés pacifiques et sa modération, les soup-
» çons de la Grande-Bretagne devaient rester
» éveillés constamment, et la paix entre les
» deux nations être considérée comme aussi
» précaire qu'une trêve armée. »

Quoi ! c'est après avoir avoué que le gouvernement de la Grande-Bretagne n'avait conclu la paix que pour recommencer bientôt la guerre avec avantage, que vous osez nous vanter la bonne foi de votre ministère ! Ce ministère qui *se persuadait que la paix devait produire son effet ordinaire*, était le même qui ne considérait cette paix que comme une trève armée! Et c'est après de tels aveux et de si inconcevables contradictions que vous accusez l'ambition de Napoléon d'avoir de nouveau troublé la paix!

Mais laissons là les réflexions, et rapportons les griefs allégués par l'historien anglais:

« Sans parler des atteintes continuelles que
» la France ne cessait de porter à l'indépen-
» dance de l'Europe, l'Angleterre avait plusieurs
» motifs de plainte contre cette puissance. Au
» temps du règne de la terreur, une loi avait
» été rendue qui déclarait de bonne prise tout
» navire, au-dessous de cent tonneaux, chargé
» de marchandises anglaises, et rencontré à
» moins de quatre lieues des côtes de France.
» Bonaparte jugea convenable d'aller chercher
» les premiers fruits du nouveau traité de paix
» dans l'exécution sévère d'une loi déjà si hos-
» tile, d'une loi passée pendant une guerre
» d'un acharnement sans exemple. Plusieurs
» navires anglais furent saisis, les capitaines
» emprisonnés, les chargements confisqués, et
» toute restitution refusée. Plusieurs de ces

» vaisseaux avaient été jetés sur les côtes de » France par le gros temps; mais la tempête » même n'était point un cas d'exception. On » cite l'exemple d'un navire anglais entré dans » la Charente, sur son lest, pour y prendre un » chargement d'eau-de-vie. Il se trouva naturel- » lement que la vaisselle, les couteaux, les » fourchettes, et autres ustensiles à l'usage du » capitaine, étaient de fabrique anglaise; il n'en » fallut pas davantage: la saisie du bâtiment » fut déclarée bonne et valable. Les plus pres- » santes remontrances ne diminuèrent point, » que nous sachions, la fréquence de ces agres- » sions; et la France agissait déjà d'après ce » système de vexation et d'insulte qui souvent » précède la guerre, mais qui, d'ordinaire, ne » suit pas immédiatement la paix. Les procédés » de la France parurent d'autant plus déraison- » nables et d'autant plus injustes que toutes les » entraves imposées à son commerce pendant » la guerre, avaient été levées par la Grande- » Bretagne aussitôt après la conclusion de la » paix. Ajoutons qu'un article du traité d'A- » miens affranchissait du séquestre dont elles » avaient été frappées les propriétés des sujets » français ou anglais dans les deux états belli-

»gérants; que la Grande-Bretagne avait fait »exécuter sans délai cette disposition, et que »la France n'y avait point eu d'égard.»

Voilà ce que dit Walter Scott, et bien que plusieurs de ces allégations soient entièrement fausses, on pourrait pardonner à leur auteur de les émettre, si, après s'être si longuement étendu sur le *contre*, il nous disait un mot du *pour;* mais il paraît que sa scrupuleuse impartialité ne lui a pas permis d'avouer les torts de l'Angleterre, ce qui bien nous fâche, car nous n'aimons pas à récriminer : cependant puisque le romancier nous y contraint, nous insisterons sur ce point. On vient de voir ce qu'il dit, voici maintenant ce qu'il ne dit pas. Les Anglais devaient, d'après le traité, évacuer l'Égypte; non seulement ils refusèrent de le faire, mais ils augmentèrent les forces qu'ils avaient dans ce pays, et la garnison d'Alexandrie fut portée à quatre mille hommes; l'île de Gorée devait être rendue aux Français; les Hollandais devaient reprendre possession du cap de Bonne-Espérance, et les commandants anglais se refusèrent à toute espèce de restitution; les chevaliers de Saint-Jean se présentèrent devant Malte, dont, aux termes du traité, ils devaient prendre possession, et on refusa de les recevoir.

Voilà ce qu'il n'est pas permis d'ignorer, quand on se propose d'écrire l'histoire de ce temps; voilà ce que l'écrivain anglais savait aussi bien que nous: pourquoi donc n'en parle-t-il qu'avec une réserve qu'il nous est permis de prendre pour de la mauvaise foi? Si l'Angleterre, dit-il, n'a point exécuté plusieurs articles du traité, c'est que le point de vue d'équité l'en empêchait!..... Ainsi voilà l'Europe instruite que si l'Angleterre a tant de fois violé la foi des traités, cela vient uniquement de ce que le gouvernement anglais est trop équitable!.....

Enfin la guerre éclate de nouveau, et cet évènement va nous fournir une nouvelle occasion d'admirer l'équité de la Grande-Bretagne. Mais laissons encore parler le romancier écossais, et tâchons de contenir l'indignation que tout homme d'honneur doit ressentir en voyant un écrivain faire de honteux efforts pour justifier l'oubli de tout sentiment de justice et d'humanité.

« Une arme terrible était dans les mains de » l'Angleterre, nous voulons dire sa marine

» imposante. La promptitude des mesures ré» pondit à l'urgence des cas. L'ordre fut donné » non seulement de garder les colonies non en» core restituées; et qui devaient l'être confor» mément au traité d'Amiens, mais encore de » ressaisir, *par un coup de main*, tous les établis» sements rendus à la France ou occupés par » elle. La France, de son côté, dont la supé» riorité sur terre égalait celle de la Grande» Bretagne sur l'Océan, réunit le long de ses » côtes une armée formidable, comme prête à » réaliser ses projets d'invasion : en même temps, » Bonaparte occupait, sans autre formalité, le » territoire de Naples, la Hollande, et autres » états que l'Angleterre devait voir avec une vive » appréhension au pouvoir de son ennemi : c'é» tait l'accomplissement des menaces contenues » dans la fameuse note de Talleyrand.

» Non content de nuire par tous les moyens » que les règles ordinaires lui offraient, Napo» léon eut recours à des représailles étranges, » inaccoutumées, et inconnues dans le code des » peuples civilisés, qui ne pouvaient satisfaire » que sa vengeance personnelle, et ajouter aux » calamités déjà si nombreuses de la guerre.

» Selon l'usage universellement établi, et au

» moment de la déclaration de guerre, les Anglais avaient mis un embargo sur tous les » navires français qui se trouvaient dans leurs » ports. La France y fit une perte considérable. » Bonaparte imagina un singulier mode de re» présailles ; ce fut d'arrêter tous les Anglais » sans distinction, alors à Paris, ou voyageant » en France, qui, pleins de confiance dans le » droit des gens, jusqu'alors observé par les na» tions policées, ne s'attendaient à rien moins » qu'à cette violation de leur liberté individuelle. » Plusieurs de ces hommes, disait le gouver» nement français, pouvaient être employés » dans l'armée anglaise, et devaient, en consé» quence, être considérés comme prisonniers » de guerre ; motif absurde d'une infraction » sans exemple aux lois de la justice et de l'hu» manité ; prétexte dérisoire, qui ne pouvait » faire excuser l'arrestation des Anglais de tout » rang, de toute condition, de tout âge. La me» sure fut prise sans la participation des minis» tres du premier consul ; nous devons le croire » du moins, puisque Talleyrand lui-même dé» cida plusieurs individus à rester, après le dé» part de l'ambassadeur britannique, par des » promesses de sûreté qu'il n'eut sans doute pas

» le pouvoir de réaliser. Il ne faut donc voir ici » qu'un acte de vengeance de la part d'un chef » orgueilleux, dont le caractère, comme nous » l'avons souvent fait observer, était devenu » plus irritable encore par une suite non inter- » rompue de triomphes, et chez qui la résis- » tance déterminait des accès de colère voisins » de la démence.

» Des individus victimes de cet abus capri- » cieux et tyrannique du pouvoir absolu, furent » soumis, à tous égards, au traitement des pri- » sonniers de guerre, et emprisonnés comme » tels, à moins qu'ils ne donnassent leur parole » d'habiter les villes à eux assignées et de ne » point franchir certaines limites.

» La masse des calamités personnelles occa- » sionées par cette cruelle mesure fut incalcula- » ble. Douze années, c'est-à-dire une grande » partie de la vie, furent retranchées de l'exis- » tence de chacun de ces *détenus*, ainsi qu'on les » appelait, en tant qu'il s'agissait de leurs inté- » rêts domestiques. A l'égard d'un grand nom- » bre, cette lacune eut le fatal résultat d'anéan- » tir toutes leurs espérances. D'autres s'accou- » tumèrent à une oisiveté de tous les jours, et » furent pour jamais détournés d'une étude

» habituelle ou d'une industrie utile. Séparer » violemment, et pour si long-temps, les fils et » les pères, les maris et les épouses, c'était » briser les liens de l'union la plus tendre, c'était » blesser cruellement la nature dans ses affec- » tions les plus douces; en un mot, si Bonaparte » voulut punir avec tant de cruauté un certain » nombre d'individus, pour le crime unique » d'être nés en Angleterre, il atteignit son but » assurément, mais s'il espéra y gagner autre » chose, il le manqua tout-à-fait; et quand il » impute avec hypocrisie les souffrances des » *détenus* à l'obstination du ministère britan- » nique, il argumente comme ce chef de bri- » gands d'Italie qui assassine son prisonnier, » et rejette l'odieux du forfait sur les amis de » la victime, qui ont négligé de lui envoyer la » rançon exigée. Sa justification n'est pas meil- » leure quand il prétend que la mesure avait » pour but d'empêcher l'Angleterre de saisir » dorénavant, d'après un ancien usage, les vais- » seaux mouillés dans ses ports. Nous le répé- » tons, cet excès de rigueur n'eut pas d'autre » cause que l'opiniâtreté naturelle à Bonaparte, » à laquelle il se laissait aller aux dépens de son » honneur et même de son véritable intérêt. »

Quoi! sans déclaration préalable, vous vous emparez des vaisseaux français qui, sur la foi des traités, sont venus dans vos ports, et vous croyez que ce vol, ce brigandage digne des plus vils pirates est justifié par ces mots, « selon » l'usage établi, etc.! » Mais c'est aussi d'après un usage depuis long-temps établi que les voleurs de grands chemins dépouillent les voyageurs. . . . Et pourquoi ne dites-vous pas que cet usage ne fut établi que par les Anglais? Quoi! vous osez louer le gouvernement britannique d'avoir volé un peuple ami, d'avoir jeté dans des tombeaux flottants les malheureux propriétaires qu'il ruinait, et vous prodiguez les injures à ce peuple qui, n'ayant d'autre ressource, garda comme otages les parents ou les amis des voleurs! . . . . . « Ces représailles, » dites-vous, « étaient inconnues dans le code » des peuples civilisés; » mais le vol est-il donc autorisé dans le code anglais? . . . Ce n'était pas une rançon que Napoléon demandait, mais une restitution; et ne voyez-vous pas que vous écrivez la condamnation de ceux que vous voulez défendre, en avouant que votre gouvernement préféra la possession, injustement acquise, de quelques millions, à la liberté de ceux de vos compatriotes qui se trouvaient en France? Vous plaignez ces victimes innocentes: mais les équipages des navires que vous aviez pris et pillés n'étaient-ils pas dans le même cas? n'étaient-ils pas infiniment plus malheureux? Entassés dans vos pontons, ils expiraient de faim et de misère, tandis que (vous êtes contraint de l'avouer) les Anglais arrêtés en France n'avaient pour prison que des villes où ils pouvaient exercer leur industrie et jouir d'une liberté presque aussi grande que celle des habitants. Napoléon, dites-vous, viola le droit des gens: que fit donc l'Angleterre en s'emparant, avant que la guerre fût déclarée, des vaisseaux français et des gens qui les montaient? Nous ne craignons point d'avancer qu'il n'est pas un homme ayant conservé quelque sentiment d'honneur, auquel la conduite que tint alors le gouvernement anglais ne parût horrible. Si c'est ainsi qu'un tory impartial écrit l'histoire, de quoi donc serait capable un tory haineux et passionné?......

Bientôt les Français marchent sur le Hanovre. « Une force considérable, » dit Walter Scott, « fut rassemblée contre eux, sous le » commandement de son altesse royale le duc

» de Cambridge et du général Walmoden; mais » il fut bientôt démontré que, réduit à ses » propres ressources, et ne recevant aucuns » secours ni de l'Angleterre ni de l'empire, » l'électorat ne pouvait opposer de résistance » efficace, et que de vains efforts pour le dé- » fendre ne feraient qu'aggraver le malheur du » pays, en exposant les habitants à toutes les » calamités de la guerre. Par un sentiment d'hu- » manité envers les Hanovriens, le duc de Cam- » bridge résolut de quitter les états héréditaires » de sa famille. »

Il est sans doute permis à l'historien anglais de prendre pour de l'humanité ce qui ressemble si fort à la peur; nous ne le chicanerons pas là-dessus, bien que nous ayons de fortes raisons pour croire plus conforme à la vérité cette autre version d'un écrivain qui a fait preuve d'une impartialité que le romancier s'est contenté de promettre :

« L'armée hanovrienne était forte de dix- » sept mille hommes, dont quatre mille de » cavalerie. Un fils du roi Georges, le duc de » Cambridge, la commandait. Il avait juré de » mourir les armes à la main plutôt que de per- » mettre aux Français de s'emparer des états de

» sa famille; néanmoins, à l'approche des Français, abandonnant le commandement au feld-maréchal Walmoden, il prit la poste et courut s'embarquer. »

Ce n'est pas ici la dernière fois que nous aurons l'occasion d'engager sir Walter Scott à rabattre quelque chose de la haute opinion qu'il a conçue de l'armée anglaise et du talent de ses généraux. Par exemple, il paraît persuadé que la conquête de l'Angleterre est impossible.

« Bonaparte, » dit il, « avec son génie et ses » légions, aurait pu faire beaucoup de mal à un » pays accoutumé depuis si long-temps aux » bienfaits de la paix intérieure. Mais aussi la » nation était unanime dans la volonté de se » défendre; et sa force se composait d'éléments » que Bonaparte apprécia quand il les connut » mieux. Des trois peuples britanniques, les » Anglais ont prouvé, depuis, qu'ils étaient tou» jours animés de cette fermeté et de cette va» leur qui remporta les victoires de Crécy, » d'Azincourt, de Blenheim et de Minden; les » Irlandais n'ont rien perdu de cette noble exal» tation qui les a constamment distingués parmi » les nations de l'Europe; et les Écossais n'ont

» point dégénéré de ce courage indomptable » avec lequel leurs aïeux résistèrent, pendant » deux mille ans, à un ennemi supérieur en force. » En supposant même la prise de Londres, ce » malheur ne nous eût point fait désespérer de » la liberté du pays; car la guerre, alors, eût » pris, à n'en pas douter, ce caractère popu- » laire et national qui finit toujours par l'expul- » sion de l'armée envahissante. La persuasion » où était Bonaparte qu'il gagnerait la première » bataille ne reposait pas non plus sur des fon- » dements bien solides. Nous pouvons affirmer » du moins que l'Angleterre était décidée à » soutenir vigoureusement cette épreuve. Nous » invoquons ici le témoignage de tous ceux » qui se rappellent cette époque. Ils diront » que le peuple désirait généralement voir les » Français tenter l'entreprise, parcequ'il avait » toute raison d'espérer un résultat tel, que l'en- » nemi n'aurait pas même osé, par la suite, » prononcer le mot d'invasion. »

Cet enthousiasme est certainement très louable; seulement il est fâcheux que l'auteur ait cru qu'il suffisait de faire des phrases pour être historien. Une longue suite de victoires permettait aux Français de regarder la conquête de l'Angleterre comme chose, sinon certaine, au moins probable, et les Anglais n'avaient aucune raison pour se croire invincibles. Mais Walter Scott, qui, ainsi que nous le verrons plus tard, regarde Wellington comme le plus grand capitaine du siècle, peut bien, à la rigueur, mettre les régiments anglais au-dessus des légions romaines, et cela doit nous étonner d'autant moins que, précédemment, il dit, en parlant de l'expédition préparée à Boulogne :

« Si nous réfléchissons que ces idées occu-
» paient encore l'imagination de Bonaparte, et
» qu'il les exprimait après un revers irrépara-
» ble, nous nous écrierons malgré nous : L'am-
» bition fit-elle jamais un rêve plus extravagant!
» jamais vision plus absurde se termina-t-elle
» par une catastrophe plus désastreuse et plus
» humiliante ! »

Ici, notre tâche est facile; le traducteur français s'est chargé de la réfutation de ce passage en demandant, dans une note, si Guillaume-le-Conquérant, et le prince d'Orange, Guillaume III, avaient aussi rêvé la conquête de l'Angleterre.

Nous voici maintenant arrivés à une époque

où le gouvernement anglais donna des preuves d'une loyauté tout-à-fait nouvelle : à vous, sir Walter Scott.

« Pendant que les princes français atten-» daient sur les frontières l'effet des soulève-» ments intérieurs, Pichegru, George Cadou-» dal, et environ trente autres royalistes déter-» minés, débarquaient secrètement en France, » et se dirigeaient vers la capitale, où ils par-» vinrent à tromper long-temps les yeux per-» çants de la police. Nul doute que ces agents, » et George en particulier, ne vissent dans Bo-» naparte le plus grand obstacle à leur entre-» prise, et qu'ils n'eussent résolu de l'assassiner » tout d'abord. Constamment dans la compa-» gnie de George, Pichegru connaissait assuré-» ment son projet, plus digne, toutefois, d'un » farouche capitaine de chouans, que du con-» quérant de la Hollande.

» Pichegru parvint à s'aboucher avec Mo-» reau, qui passait alors, ainsi que nous l'avons » dit, pour le chef des mécontents de l'armée, » et l'ennemi déclaré de Bonaparte. Ils se virent » deux fois; et il est certain que, dans l'une de » ces conférences, Pichegru se fit accompagner » de George Cadoudal; mais Moreau exprima

» son horreur pour cet homme et pour ses » desseins, et pria Pichegru de ne plus amener » ce sauvage avec lui. Il faut chercher la » cause de cette indignation dans la nature des » mesures proposées par Cadoudal, les dernières » assurément qu'un brave et loyal militaire, » comme était Moreau, aurait voulu » adopter. Bonaparte, de son côté, dans son » prétendu récit des entrevues de Moreau et de » Pichegru, présente la conduite du premier » sous un point de vue tout différent. D'après » cette relation, Moreau aurait déclaré à Pichegru » qu'aussi long-temps que le premier consul » existerait, il n'exercerait (lui Moreau) aucune » influence dans l'armée, et que ses aides-de-camp » même ne le suivraient pas contre Napoléon; » mais qu'il fixerait tous les regards, si Napoléon » était une fois écarté; qu'il réclamait » d'avance, pour lui, la place de premier consul, » et que Pichegru serait le second; que George » Cadoudal aurait alors interrompu la conversation » avec rage, en reprochant aux deux généraux » de s'occuper de leur grandeur personnelle » au lieu du rétablissement des Bourbons; » qu'il aurait déclaré que s'il fallait choisir entre » *bleu* et *bleu*, épithète que les Vendéens don-

» naient aux républicains, il aimait autant voir » Bonaparte que Moreau à la tête des affaires; » et il finit par dire qu'il réclamait pour lui-» même la place de troisième consul. Moreau, » selon cette version, bien loin de repousser » l'horrible projet de Cadoudal, aurait, le pre-» mier, reconnu la nécessité de le mettre à exé-» cution, et que, s'il avait été choqué, c'était des » prétentions du chef de chouans dans le partage » des dépouilles.

» Nous n'ajoutons aucune foi à ce récit. Quoi-» qu'il fût de la dernière importance pour le » premier consul de prouver la participation di-» recte de Moreau au complot d'assassinat, au-» cune preuve n'en fut jamais donnée. Nous ne » doutons guère, en conséquence, que l'exposé » n'ait été fait après coup, et qu'il ne contienne » ce que Bonaparte jugeait probable, et ce qu'il » voulait faire croire aux autres, mais non ce » qu'il savait d'information certaine, ou ce qu'il » aurait pu prouver par des témoignages au-» thentiques. »

D'abord, il ne fallait pas dire *une trentaine de royalistes*, mais bien, *une trentaine d'assassins*, ce qui est tout-à-fait différent; il fallait dire aussi que ces assassins étaient soudoyés par l'Angleterre. Sir Robert Wilson a dit plusieurs fois, devant des témoins dignes de foi, qu'il faisait partie de l'armée sous le commandement de lord Hutchinson, que plusieurs des conjurés étant arrivés à Hastings, où ils devaient s'embarquer pour la France, George Cadoudal qui était à leur tête, présenta à lord Hutchinson une lettre par laquelle le ministère anglais recommandait à ce général d'assister à l'embarquement des conjurés, et à avoir pour eux, pendant leur séjour à Hastings, tous les soins, toutes les prévenances possibles. Le général, offensé, répondit : « Je pourvoirai aux besoins » de l'embarquement ; mais cette expédition ne » pouvant avoir un but approuvé par les lois » de la guerre, et conforme aux droits des na» tions, je ne puis faire à George et à ses com» pagnons aucune politesse, ni lier avec eux au» cun rapport personnel. »

Nous avons, nous-même, entendu dire au marquis de Chabannes, qui avait introduit plusieurs des conjurés dans Paris, que dès qu'il sut qu'on devait procéder par des assassinats, au renversement du gouvernement consulaire, il rompit sur-le-champ avec les initiés.

Pourquoi donc le gouvernement anglais, qui

non seulement s'attendait à une invasion, mais qui, selon Walter Scott, la désirait, pourquoi donc ce gouvernement avait-il recours à des moyens aussi vils? A cela, le romancier répondra-t-il que c'est *un usage établi?....*

Et pourquoi sir Walter Scott déclare-t-il qu'il ne croit rien du récit de Napoléon? Celui-ci n'avait plus aucun intérêt à cacher la vérité, et l'on sait assez qu'il n'écrivait pas l'histoire pour *rétablir sa fortune.* N'est-il pas d'ailleurs prouvé jusqu'à l'évidence que Moreau avait reçu chez lui Pichegru et George; que ce dernier lui avoua nettement ses projets, et que, malgré cela, Moreau ne rompit pas avec ces deux hommes? Que penser d'un personnage auquel on propose un assassinat, et qui demande le temps de réfléchir à la proposition? Napoléon voulait tenter la conquête de l'Angleterre, et il avouait hautement son dessein; le gouvernement anglais voulait faire assassiner Napoléon, et croyant le succès certain il négligea de cacher la main qui dirigeait le poignard.

« Nous avons fait observer, dit plus loin » l'historien anglais, que la présence du duc » d'Enghien sur la frontière se liait à l'entre-

» prise de Pichegru, mais seulement sous le rap-» port d'une insurrection royaliste à Paris. Nous » puisons cette induction dans l'aveu fait par le » prince : qu'il résidait à Ettenheim, parcequ'il » espérait avoir bientôt un grand rôle à jouer » en France. »

Cela est vrai; mais vous ne dites pas que l'assassinat de Bonaparte devait être le signal de cette insurrection. Le prince n'en savait rien, je le crois; et son ignorance sur ce point ne sert qu'à mieux faire ressortir tout l'odieux de la conduite que tint alors l'Angleterre; il n'est que trop prouvé que l'infortuné duc fut la victime du machiavélisme anglais; la condamnation du ministère de la Grande-Bretagne est écrite dans cette réponse que fit le duc d'Enghein à ses juges : « J'avais demandé à » l'Angleterre du service dans ses armées. Elle » m'avait fait répondre qu'elle ne pouvait m'en » donner, mais que j'eusse à rester sur le Rhin, » où j'aurais nécessairement un rôle à jouer; » et j'attendais. »

Écoutons maintenant la justification de Bonaparte, justification que *l'impartial* historien a grand soin de tronquer :

« Si je n'avais pas eu pour moi, contre les

» torts du coupable, les lois du pays, au défaut » de condamnation légale, il me serait resté » les droits de la loi naturelle, ceux de la légi- » time défense. Lui et les siens n'avaient d'autre » but que de m'ôter la vie. J'étais assailli de » toutes parts et à chaque instant. C'étaient des » fusils à vent, des machines infernales, des » embûches de toute espèce. Je m'en lassai. Je » saisis l'occasion de leur renvoyer la terreur » jusque dans Londres; et cela me réussit. Les » conspirations cessèrent. Et qui pourrait y » trouver à redire? Quoi, journellement à cent » cinquante lieues de distance, on me portera » des coups à mort; aucune puissance, aucun » tribunal sur la terre ne saurait m'en faire jus- » tice, et je ne rentrerais pas dans le droit na- » turel de rendre guerre pour guerre! Quel est » l'homme de sang-froid, de tant soit peu de » jugement, qui oserait me condamner? De quel » côté ne jetterait-il pas le blâme, l'odieux, le » crime? Le sang appelle le sang. C'est la réac- » tion naturelle, inévitable, infaillible. Malheur » à qui la provoque! Quand on s'obstine à sus- » citer des troubles civils et des commotions » politiques, on s'expose à en tomber la vic- » time; il faudrait être niais ou forcené pour

» croire ou imaginer, après tout, qu'une fa-» mille aurait l'étrange privilége d'attaquer » journellement mon existence sans me donner » le droit de le lui rendre. Elle ne saurait rai-» sonnablement prétendre être au-dessus des » lois pour détruire autrui, et se réclamer d'el-» les pour sa propre conservation. Les chances » doivent être égales.

» Je n'avais personnellement rien fait à au-» cun d'eux. Une grande nation m'avait placé à » sa tête; la presque totalité de l'Europe avait » accédé à son choix. Mon sang, après tout, » n'était pas de boue, il était temps de le met-» tre à l'égal du leur. Qu'eût-ce donc été si j'a-» vais étendu plus loin mes représailles? je le » pouvais; j'en eus plus d'une fois l'occasion; » on m'a fait proposer leurs têtes depuis le pre-» mier jusqu'au dernier, je l'ai repoussé avec » horreur. Ce n'est pas que je le crusse injuste » dans la position où ils me réduisaient; mais » je me trouvais si puissant, je me croyais si » peu en danger, que je l'eusse regardé comme » une basse et gratuite lâcheté; ma grande » maxime a toujours été, qu'en politique » comme en guerre, tout mal, fût-il dans les » règles, n'est excusable qu'autant qu'il est

» nécessaire : tout ce qui est au-delà est crime. »

On le voit, tout le tort de Napoléon était d'attribuer aux Bourbons les trames ourdies par le gouvernement anglais. Walter Scott insiste cependant ; il prétend que le sang de la victime a laissé une tache ineffaçable sur la vie de Napoléon, et veut-on savoir sur quels arguments il appuie cette opinion :

« Il est facile, dit-il, de prouver que, même » sous l'empire des lois françaises, quelque sé- » vères qu'elles fussent en pareille matière, rien » n'autorisait le meurtre du duc d'Enghien. Il » était émigré, à la vérité, et la loi punissait tout » émigré qui rentrait en France les armes à la » main : mais le duc n'y revint point ainsi ; son » retour n'était même pas un acte de sa volonté, » mais le résultat de la violence exercée contre » lui. Il se trouvait, légalement, dans une posi- » tion plus favorable que ces émigrés jetés par » la tempête sur les côtes de France, et qui, » pour Bonaparte lui-même, avaient été des ob- » jets de pitié bien plus que de colère. Le prince » avait porté les armes contre la France, d'ac- » cord ; mais, en sa qualité de Bourbon, il n'é- » tait pas et ne devait pas être compté au nom- » bre des sujets de Bonaparte. On ne pouvait

» non plus le considérer comme contumace ; » puisque la famille royale, et lui par consé- » quent, était spécialement exclue du bienfait » de l'amnistie qui rappelait les émigrés des » classes inférieures. »

C'est là, évidemment, passer à côté de la question. Walter Scott devait se taire, ou répondre à cette objection : « Une famille ne sau- » rait raisonnablement prétendre être au-des- » sus des lois pour détruire autrui, et se récla- » mer d'elles pour sa propre conservation. » Cette famille, dites-vous, était innocente des crimes dont Napoléon l'accusait, cela est possible; mais était-il déraisonnable de l'en croire coupable ? Si, ainsi que l'affirme l'historien anglais, Bonaparte pensait qu'il lui était utile *de se baigner dans le sang d'un Bourbon*, que ne frappait-il un coup plus terrible et plus décisif? les moyens ne lui manquaient pas, et c'est lui-même qui le dit :

« Le duc d'Enghien périt victime des intrigues d'alors. Sa mort, si injustement repro- » chée à Napoléon, lui nuisit et ne lui fut d'au- » cune utilité politique. Si Napoléon avait été » capable d'ordonner un crime, Louis XVIII et » Ferdinand ne régneraient pas aujourd'hui ;

» leur mort lui a été proposée et conseillée à » plusieurs reprises. »

Ces paroles furent écrites par Napoléon lui-même: pourquoi Walter Scott n'en dit-il rien? Partout cet écrivain *si impartial* accueille l'accusation et rejette la défense!... C'est assez nous arrêter sur ce point; l'auteur anglais, après avoir donné précédemment tant de preuves de mauvaise foi, ne pouvait manquer de céder ici à la tentation: l'occasion était belle; mais le trait est lancé avec trop de violence pour qu'il puisse atteindre à son but.

CHAPITRE V.

C'est à regret qu'en commençant ce chapitre, nous nous voyons dans la nécessité de revenir sur la mort du duc d'Enghien; mais, puisque l'écrivain écossais nous y force, nous ne pouvons laisser croire que nous craignons d'entrer de nouveau dans la lice: c'est ici le cas de rappeler à l'historien, si prodigue des citations de l'Écriture sainte, ces paroles de l'Évangile : *Malheur à celui de qui vient le scandale !*

Il est clair, il est prouvé jusqu'à l'évidence, d'après ce que l'on a vu dans le chapitre précédent, que c'est à l'Angleterre surtout qu'il faut imputer la mort de ce prince, qu'elle avait enveloppé dans un complot que lui-même ignorait; cependant sir Walter Scott ne craint pas de rappeler cette catastrophe pour nous faire voir tout le parti que sut en tirer le gouvernement anglais. Après avoir préludé par quelques injures adressées à Napoléon, le romancier écossais dit :

« Une indignation profonde éclata partout » sur le continent, quoique la Russie et la Suède » osassent seules exprimer leur mécontente» ment sur des actes si contraires aux lois des » nations. La cour de Saint-Pétersbourg prit le » deuil à l'occasion de la mort du duc d'En» ghien; le ministre russe, à Paris, se plaignit, » dans une note remise à M. de Talleyrand, de » la violation du territoire de Bade; et le rési» dent de la même puissance à Ratisbonne eut » ordre d'adresser aussi des remontrances à la » diète. Le ministre suédois prit les mêmes pré» cautions. La réponse du ministre français fut

»hostile et offensante. Il trouva déplacées les »prétentions de la Russie à se mêler des affaires »de France et d'Allemagne, et accusa ce gou»vernement de vouloir rallumer la guerre en »Europe. Ces explications accrurent beaucoup »la mésintelligence qui existait déjà entre les »deux états, et furent une des principales causes »qui entraînèrent la France dans une nouvelle »guerre avec ce puissant ennemi.

»Les notes russes et suédoises ne produi»sirent aucun effet à la diète. L'Autriche était »trop affaiblie, la Prusse trop étroitement liée »à la France, pour qu'il en fût autrement; et »il ne fallait pas s'attendre à voir les petits »états s'exposer au ressentiment du premier »consul, en se plaignant eux-mêmes de la vio»lation du territoire de Bade. Toutefois, le sang »du duc d'Enghien ne devait pas rester long»temps sans vengeance dans les obscurs sou»terrains de Vincennes. Le duc de Bade, à la »vérité, demanda le premier qu'on ne s'occu»pât plus de ses intérêts; mais la plupart des »souverains allemands ressentirent, comme »hommes, un outrage que leur faiblesse ne »leur permettait pas alors de punir comme »souverains. On le leur rappela toujours ef-

»ficacement; et ils saisirent, toutes les fois »qu'elle se présenta, l'occasion de résister au »despote de l'Europe. La perfidie et la cruauté »d'un tel acte suscitèrent constamment à Na»poléon de nouveaux ennemis, jusqu'à ce »qu'enfin ils devinrent assez forts pour le »renverser.»

Nous demandons sincèrement pardon à nos lecteurs de l'ennui et du dégoût qu'ils éprouvent en lisant tout ce misérable fatras d'allégations entassées par le romancier écossais; mais il était nécessaire que nous les citassions, afin de pouvoir prendre acte de l'aveu que fait, sans s'en apercevoir, sir Walter Scott, que le crime dont il s'agit ne pouvait être et ne fut en effet profitable qu'au gouvernement anglais. Un grand orateur disait naguère : *Le temps présent est gros de l'avenir.* Ajoutons que cet avenir est gros de révélations : la génération qui commence saura un jour quelle main fit mouvoir les fils de tant d'intrigues, sur lesquelles le nouvel historien tente vainement de jeter un voile.

Après nous avoir dit quelque chose des menées d'un M. Drake, agent de l'Angleterre, des intelligences que cet obscur personnage entretenait avec Méhé de la Touche, et d'une foule d'autres niaiseries que l'écrivain écossais avoue avoir lues dans le manuscrit d'un lord Elgin, il revient de nouveau au Moniteur et fait encore de l'histoire avec les bulletins de l'armée française : il n'y a point là d'Anglais, on le reconnaît promptement, et si l'on ne remarquait çà et là quelques petites erreurs qu'il est permis de croire volontaires, on penserait volontiers que l'auteur n'a fait usage que de ciseaux. Passons donc sur la levée du camp de Boulogne, la conquête de l'Allemagne, la bataille d'Austerlitz, etc., etc., et arrivons aux opérations maritimes; c'est particulièrement pour ces occasions que sir Walter Scott semble avoir réservé le courage avec lequel il tente si souvent, dans le cours de son ouvrage, de présenter comme des actes de loyauté les violations les plus odieuses du droit des gens, et l'art avec lequel il encense le gouvernement anglais, aux dépens de la vérité. On a vu avec quelle aigreur le romancier a reproché à Napoléon d'avoir violé la neutralité du duché de Toscane. Les Français s'étaient emparés, dans cette circonstance, d'une frégate anglaise; par conséquent, les Français étaient des gens sans foi. Les Anglais, en paix avec l'Espagne, s'emparent des bâtiments espagnols : par conséquent, les Anglais sont des gens d'honneur, dont la loyauté ne peut être suspectée; s'ils prennent l'or de l'Espagne, c'est uniquement parcequ'ils sont les plus forts, et à cause de l'intérêt tout particulier que leur inspire le gouvernement espagnol : c'est avec douleur qu'ils s'emparent des galions chargés d'or; ils prennent le bien d'autrui, c'est vrai; mais c'est avec l'intention de le rendre plus tard. . . . . Le lecteur est tenté de prendre cela pour une mystification; eh bien, voici le texte :

« Le gouvernement britannique voulut mettre un terme à cet état de choses. Il fit arrêter quatre galions chargés d'or, et venant, sous escorte, de la mer du Sud à Cadix. L'Angleterre n'avait pour but que de retenir ces vaisseaux comme une garantie que l'Espagne garderait à l'avenir une neutralité plus sincère. Malheureusement, le commodore Moore n'avait avec lui que quatre frégates. L'honneur ne permettait pas à l'amiral espagnol d'amener pavillon devant une force non supérieure à la sienne. Un engagement suivit : trois galions furent pris, le quatrième sauta : c'est un

» évènement qu'il faut déplorer. Si une escadre » plus forte eût été envoyée contre les Espa- » gnols, cette affreuse catastrophe n'aurait pas » eu lieu ; catastrophe qui n'excita pas plus d'in- » dignation en Espagne que de douleur chez » ceux qui en furent les auteurs involontaires, » le peuple anglais et le gouvernement britan- » nique. »

Vous le voyez, le peuple et le gouvernement furent consternés ; c'est avec la plus profonde douleur qu'ils voient le quart du butin leur échapper. Les Anglais se battent, il est vrai, pour faire ce butin, mais sir Walter Scott l'affirme, et nous l'en croyons ; ils auraient préféré ne pas tirer un coup de canon..... Pourquoi diable, aussi, l'amiral espagnol s'avise-t-il de prendre en mauvaise part l'intérêt que lui porte le gouvernement britannique !

Walter Scott ajoute :

« Cette action eut lieu le 5 octobre 1804 ; les » hostilités commencèrent immédiatement avec » l'Espagne ; Bonaparte, perdant les avantages » qu'il retirait de la neutralité de cette puis- » sance, n'eut plus à sa disposition que les res- » sources navales et militaires qu'elle pouvait » lui offrir pour l'exécution de ses projets. La

» cour d'Espagne se dévoua tout entière à ses » intérêts : nous verrons bientôt quelle fut sa » récompense. »

Ainsi, l'historien anglais avoue encore une fois que les galions avaient été pris pendant la paix ; comment ose-t-il plus loin blâmer amèrement la Prusse, parceque cette puissance a, non pas pris le Hanovre, mais reçu de la France ce pays en échange d'autres provinces? N'est-il pas ridicule de chanter les louanges de la Grande-Bretagne, violant dans toutes les circonstances le droit des gens, et de se répandre en termes injurieux contre des puissances auxquelles on ne peut reprocher que des violations imaginaires. Voici les paroles de Walter Scott :

« La conduite du ministère prussien (car il » était plus coupable que sa cour) fut à la fois » pusillanime et déloyale. Il faisait céder à Na» poléon ces mêmes territoires si récemment » violés par ses armées, et il acceptait, comme » dédommagement, des provinces appartenant » au roi d'Angleterre, avec qui la Prusse était » si loin d'avoir aucun démêlé, qu'elle avait été » sur le point de faire cause commune avec lui » contre les envahissements de Bonaparte ; pro-

» vinces saisies par la France au mépris des » droits de la neutralité, invoqués par l'électeur » de Hanovre comme membre du corps ger- » manique. Ce tissu de violations grossières du » droit des gens a souvent porté avec lui son » juste châtiment; c'est ce qui arriva dans le cas » dont il s'agit. »

N'est-ce pas encore une dérision de voir le roi d'Angleterre réclamer les droits de la neutralité pour ses possessions sur le continent? Cela ressemble un peu à l'ingénuité de ce conscrit qui, se trouvant au feu pour la première fois, criait à l'ennemi : « Ne tirez pas par ici, il y a du monde. » La France avait acquis le Hanovre par droit de conquête; ce pays lui appartenait donc, et la Prusse n'avait qu'un mot à répondre aux représentations du cabinet anglais : *Que ne le défendiez-vous?*

Plus nous avançons dans l'examen de cet ouvrage, plus nous en remarquons la faiblesse. Où est donc le génie de l'auteur de *Waverley?......* Est-ce dans ces récits de batailles copiés dans les gazettes anglaises que l'on peut reconnaître l'homme dont la brillante imagination nous avait peint les campagnes de *l'officier de fortune?* Hélas! tout prouve que le génie a fait place à l'amour de l'or..... Encore une fois, ce n'est pas là une histoire; et peut-être avons-nous trop accordé à l'auteur lorsque nous avons dit que cette *vie de Napoléon* n'était qu'un plaidoyer en faveur de l'Angleterre: car un plaidoyer n'est pas ordinairement un amas de contradictions et d'assertions ridicules ou absurdes. Croirait-on, par exemple, que le nouvel historien dit sérieusement que Napoléon, dans l'espoir d'enflammer le courage des soldats du camp de Boulogne, leur avait promis le pillage de Londres ?......... Où a-t-il vu que Napoléon fût un fanfaron, et à qui espère-t-il faire croire que ces braves qui avaient mérité le titre glorieux de premiers soldats du monde pouvaient être excités par l'appât du pillage ? L'armée française avait-elle pillé Vienne, Berlin, etc., etc. ? Non seulement Walter Scott avance ce mensonge, qu'on pourrait croire éclos du cerveau d'un politique de taverne, mais il le répète, il brode sur ce texte; ainsi, en rappelant la bataille de Trafalgar, il dit :

«Toute possibilité de cette invasion, qui, »avant cet échec, occupait exclusivement l'i»magination de Bonaparte, semblait pour tou-

» jours évanouie. Le canon du 21 octobre avait » dissipé l'illusion qui lui faisait voir cinquante » vaisseaux de ligne traversant le détroit en » triomphe, et favorisant la descente d'une ar- » mée imposante sur la plage d'Angleterre. Ils » étaient terminés ces songes flatteurs qui lui » montraient son armée victorieuse sur la route » de Londres, réformant l'Angleterre par l'a- » néantissement de son aristocratie, et la rédui- » sant à son état naturel, selon les expressions » de Napoléon, c'est-à-dire à n'être plus qu'un » appendice de la France, comme les îles de » Corse et d'Oléron. Après la bataille de Trafal- » gar, il ne fallait plus espérer que les belles » provinces d'Angleterre fussent jamais divisées » en fiefs de l'empire français; il ne fallait plus » rêver des millions à prendre sur la bourse de » Londres, pour être répartis entre les soldats » du grand peuple, sous le titre de *dotation*. » Les dames de Paris s'étaient amusées à faire » des bourses que les officiers français devaient » remplir avec l'or britannique; mais il restait » évident qu'elles avaient travaillé en vain. »

Est-ce donc là le ton de l'histoire? et n'est-il pas étrange que des plaisanteries d'aussi mauvais goût soient sorties de la plume d'un écrivain fameux pour prendre place dans le récit des hauts faits du plus grand capitaine de notre temps ? Pourquoi donc, sir Walter Scott, vous donner tant de peine pour enfanter quelques pitoyables pasquinades, quand vous aviez de si grands tableaux à tracer ?

Bientôt la guerre éclate de nouveau entre la France et la Prusse ; et l'historien anglais, qui se croit obligé de nous parler des motifs de cette agression, s'exprime ainsi :

« Jusqu'ici les victoires de Napoléon avaient » eu pour conséquences principales l'abaissement de la maison d'Autriche, rivale antique » et naturelle de la maison de Brandebourg ; » mais maintenant que l'Autriche, refoulée à » l'est, avait perdu toute autorité sur le sud-» ouest de l'Allemagne, la Prusse s'alarmait justement de voir que l'empire français s'arro-» geait cette même influence, et que, à moins » d'une opposition énergique, il deviendrait » probablement aussi puissant dans le nord de » l'Allemagne que l'Autriche l'avait été dans les » cercles du sud-ouest. Ce qui effrayait surtout » la Prusse, c'était la confédération du Rhin, » qui plaçait sous la direction de la France une » si grande partie de l'ancien empire germa-

» nique : la dissolution de cet empire lui-même » causait beaucoup d'inquiétude à la Prusse ; » en effet, sans parler de la position embarras» sante où elle se trouvait par suite de l'anéan» tissement de cette confédération antique, elle » y perdait encore l'espoir, plus lointain, de » voir son souverain porter la couronne impé» riale, comme le membre le plus puissant du » corps germanique, après la chute de la mai» son d'Autriche.

» Il restait un moyen de balancer le nouveau » pouvoir que la France avait acquis par ces » innovations en Europe : la Prusse pouvait, » en se mettant elle-même à la tête d'une ligue » composée des princes du nord de l'Allema» gne, rétablir un équilibre tel, qu'il eût été » difficile ou dangereux pour Bonaparte de se » servir de sa puissance, quelque grande qu'elle » pût être, pour troubler la paix dans le nord » de l'Europe : il fut donc résolu, dans le cabi» net prussien, d'organiser une confédération » sur ce principe.

» Pour y parvenir, néanmoins, il fallait ou» vrir des communications avec la France ; et » Bonaparte, sans s'opposer précisément à ce » projet qu'autorisait l'exemple de la confédé-

» ration du Rhin, suscita des obstacles de dé-
» tail qui rendirent impossible l'exécution de
» l'entreprise. Ses ministres alléguèrent que
» l'empereur voulait prendre les villes anséati-
» ques sous sa protection immédiate; que le
» sage prince qui gouvernait la Saxe ne mon-
» trait aucun désir d'entrer dans la ligue pro-
» posée, et que la France ne souffrirait pas
» qu'on forçât qui que ce fût de prendre part à
» la mesure; enfin le landgrave de Hesse-Cassel,
» sur la participation importante duquel on
» comptait naturellement, fut circonvenu pour
» le décider à se réunir à la confédération du
» Rhin, au lieu de celle que la Prusse voulait
» créer sous son protectorat; craignant de se
» prononcer pour l'une ou l'autre de ces redou-
» tables puissances, le prince resta neutre, et
» encourut ainsi la colère de Bonaparte, ce qui
» ne tarda pas à lui devenir funeste.

» Cette opposition partielle de Napoléon pa-
» ralysa les efforts de la Prusse : il lui fut impos-
» sible de réunir ces débris de l'empire germa-
» nique, sur lesquels sa force militaire et sa
» position géographique lui donnaient une
» influence naturelle. Ce désappointement et la
» honte d'avoir été joué par le gouvernement

» français excitèrent dans le cabinet prussien » une indignation déjà manifestée par le corps » de la nation. Chez les ministres, c'était le dé- » pit d'une espérance déçue, un désir de se » venger du souverain et de l'état qui les avaient » trompés ; chez le peuple, c'était la conviction » profonde et honorable que la Prusse avait » perdu sa dignité par la politique obséquieuse » du ministère.

» Quelque répugnance que le cabinet de » Berlin eût montrée à prendre les armes con- » tre la France, il ne paraît pas que la cour ni » la nation aient jamais partagé ce sentiment. » La cour était sous l'influence de la jeune reine, » dont le courage égalait la beauté, et sous celle » du prince Louis, qui voyait impatiemment » la décadence d'un royaume élevé à tant de » gloire naguère par les victoires du grand Fré- » déric. Autour de la reine et du prince s'em- » pressait un grand nombre de jeunes nobles, » brûlant d'imiter leurs ancêtres, et appelant » la guerre à grands cris ; ils ignoraient combien » il était difficile, même à cette puissante ar- » mée formée à la discipline par Frédéric, mais » que son génie ne dirigeait plus, de triompher » de soldats égaux en nombre, et guidés par

» un général qui depuis si long-temps semblait » avoir enchaîné la victoire à son char. Ces » jeunes nobles faisaient assez voir de quel es- » prit ils étaient animés, en allant aiguiser » leurs épées à la porte de La Forest, ambas- » sadeur de Napoléon, et surtout en brisant les » vitres des ministres réputés favorables à la » France. La reine se montrait fréquemment » sous l'uniforme du régiment qui portait son » nom, et quelquefois galopait à sa tête pour » stimuler l'enthousiasme des soldats. Il fut » bientôt excité au plus haut point; et si l'habi- » leté des généraux eût répondu à l'ardeur des » troupes, la campagne aurait pu se terminer » bien différemment. Les attaques dirigées » contre le roi, la reine et le prince Louis, dans » le *Moniteur*, tendaient encore à envenimer la » querelle : car le soin que prenait Napoléon de » soumettre à son autorisation ces articles poli- » tiques, le rendait nécessairement responsable » de tout ce que publiaient les journaux.

» Un cri de guerre général était donc poussé » en Prusse. Le peuple n'ignorait pas que la » conduite versatile du ministère avait exposé » la nation aux reproches et même au mépris » de l'Europe. Il voyait que Bonaparte, sorti

» vainqueur d'une crise pendant laquelle une » décision énergique de la Prusse aurait pu » maintenir l'équilibre en Europe, ne gardait » plus de mesures avec ceux dont il avait fait ses » dupes, et se moquait de remontrances qu'il » eût écoutées avec respect avant les journées » d'Ulm et d'Austerlitz. »

Tout cela, sir Walter, nous en convenons volontiers, est un peu moins ridicule que le prétendu pillage de Londres, et que ces bourses faites par les dames françaises pour recevoir vos guinées; mais, malheureusement, ce n'est pas toute la vérité. Pourquoi ne pas dire franchement que, tandis que l'Angleterre négociait pour faire la paix avec la France, elle poussait la Prusse à déclarer la guerre à Napoléon? Vous nous parlez de l'enthousiasme de l'armée prussienne, et c'est fort bien; mais pourquoi ne pas dire que l'or de l'Angleterre avait jusqu'à un certain point déterminé cet enthousiasme? Pourquoi ne pas avouer que le malheureux plan de campagne, attribué au duc de Brunswick, était l'œuvre d'un agent anglais, lord Morpeth? Vous dites, il est vrai, un peu plus loin :

« La Prusse s'étant mise en hostilité avec la

» France, il était naturel que l'Angleterre lui » rendît son amitié. En effet, cette dernière » puissance révoqua aussitôt les ordres qui dé- » claraient en état de blocus les ports de la » Prusse et ruinaient son commerce. Cependant, » au moment d'entrer en campagne, le cabinet » de Berlin fit voir le même égoïsme et la même » déloyauté qui avaient dirigé précédemment » sa conduite. La Prusse voulait bien puiser » dans les coffres de la Grande-Bretagne pour » se mettre en état de soutenir la guerre, mais » elle se montrait fort peu disposée à restituer » le Hanovre, possession acquise d'une manière » si indigne; et le ministre prussien Lucchesini » n'hésita point à dire à l'ambassadeur britan- » nique, lord Morpeth, que le sort de l'électo- » rat dépendait de l'évènement de la guerre. »

Mais ce n'est ici qu'une demi-vérité : vous voulez nous faire croire que la Prusse avait des griefs particuliers, et nous savons qu'elle n'agissait que dans l'intérêt de l'Angleterre; vous convenez que le gouvernement prussien puisait dans les coffres de la Grande-Bretagne les moyens de faire la guerre, mais vous ne dites pas à quel prix la Grande-Bretagne avait acheté l'influence qu'elle eut dans le cabinet de Berlin.

Voilà pourtant ce qu'il fallait savoir et ce qu'il fallait dire, sir Walter, pour avoir l'air d'un historien.

En voilà assez sur les motifs de cette guerre; nous entrerons en campagne dans le chapitre prochain, et nous ne manquerons pas, monsieur *l'historien impartial*, de nous entretenir un peu de votre ami Blücher.

CHAPITRE VI.

Ces gentilshommes prussiens, dont Walter Scott nous parle, donnaient sans doute une grande preuve de courage en faisant aiguiser leurs épées à la porte de l'ambassadeur français; sans doute ils affrontaient là un grand danger: mais malheureusement pour eux ces démonstrations hostiles n'intimidèrent pas le moins du monde les Français, qui, probablement peu connaisseurs en véritable courage, ne virent dans cette action qu'une véritable fanfaronnade; ils prirent même, dans cette circonstance, la liberté grande de se moquer un peu des grands seigneurs qui s'avisèrent de casser les vitres des ministres favorables à la France; et nous avons quelque raison de soupçonner qu'ils jugèrent inutile de faire aiguiser leurs épées pour aller à la rencontre de la belle amazone et du terrible Blücher, d'autant plus que ces épées-là n'avaient pas eu, comme celles des nobles prussiens, le temps de se rouiller. Enfin les vitres brisées, les sabres repassés et les éperons chaussés, l'armée prussienne entre en campagne. « Cette armée, » dit Walter Scott, qui certainement ne peut être ici taxé d'exagération, « cette » armée s'élevait à cent cinquante mille hommes, » pleins de confiance dans leur courage, fiers » de leur discipline et des souvenirs de gloire » légués à la nation par le grand Frédéric : l'ar- » mée comptait plusieurs généraux et beaucoup » de soldats qui avaient combattu sous lui; mais, » parmi tous les vétérans de cette école, Blü- » cher seul était destiné à faire honneur au nom » du maître. »

Plus loin, Walter Scott, après avoir comparé l'armée prussienne à une couvée de coqs de bruyère, s'empresse de revenir à son ami Blücher, qui sans doute lui passera la comparaison en faveur de cet éloge :

« L'arrière-garde du prince de Hohenlohe » n'éprouva pas immédiatement ce malheur ; » elle était alors à Bortzenberg, au nombre » d'environ dix mille hommes, restes du combat » que le prince de Wurtemberg avait livré près » Weimar, et sous le commandement d'un gé- » néral dont le nom, par la suite, devait retentir » comme le son d'une trompette guerrière : c'é- » tait le fameux Blücher.

» Dans l'extrémité où se trouvait alors sa » patrie, ce brave militaire déploya ce courage » indomptable, cette activité et cette audace qui » devaient produire un jour de si glorieux ré- » sultats. Il se disposait à quitter Bortzenberg, » le 29, conformément aux ordres du prince de » Hohenlohe, quand il apprit le malheur de ce » général. Il changea aussitôt la direction de sa » retraite ; et, par un mouvement rapide sur » Strélitz, il parvint à réunir sa troupe à un » corps de dix mille hommes, débris d'Iéna et » d'Auerstaedt, et qui, sous les ducs de Weimar » et de Brunswick-Oels, fuyaient aussi de ce » côté. Blücher résolut alors de passer l'Elbe à » Lauenbourg, et d'aller renforcer les garnisons » prussiennes dans la Basse-Saxe. Pour l'exé- » cution de ce projet, il livra plusieurs com-

»bats sanglants, et fit plusieurs marches ra»pides; mais le mal était trop grand pour que »le courage et l'activité pussent y porter re»mède. La division de Soult, qui avait passé »l'Elbe avant lui, le coupait de Lauenbourg; »Murat se trouvait entre lui et Stralsund, et »Bernadotte le pressait vivement sur les der»rières. Blücher n'eut plus d'autre ressource »que de se jeter avec ses troupes affaiblies et »découragées dans Lubeck. Les Français l'y pri»rent comme un cerf aux abois. On se battit »avec fureur dans les rues de la ville. Accablés »par le nombre, les Prussiens perdirent beau»coup d'hommes tués et quatre mille prison»niers. Blücher parvint à s'échapper et à gagner »Schwerta. Mais alors il se trouvait sur les li»mites du territoire prussien; et, en violant la »neutralité du Danemarck, il n'eût fait que »susciter un ennemi de plus à son malheureux »maître.

»En conséquence, le 7 novembre, il déposa »sa vaillante épée, pour la reprendre en des »temps meilleurs, et se rendit avec quelques »milliers d'hommes qui restaient sous son com»mandement. Mais son courage brilla comme »le feu Saint-Elme dans l'obscurité de la tem-

» pête. Blücher fit voir qu'il restait au moins un » digne élève du grand Frédéric : il laissait à la » Prusse une espérance qu'elle nourrit silen- » cieusement dans son sein, jusqu'à ce que le » moment d'agir fût arrivé. »

Sans doute, un général dont le nom résonne comme une trompette, et dont le courage ressemble au feu Saint-Elme, n'est pas un homme ordinaire ; le lecteur ne sera donc pas fâché de faire avec ce héros plus ample connaissance. Nous allons consigner ici certains détails que l'historien anglais n'a omis qu'à cause de l'impatience naturelle qu'il ressentait de mettre au jour un chef-d'œuvre estimé cent mille écus par les libraires, hommes très capables, comme chacun sait, de juger du mérite d'un livre. Voici ce que nous croyons savoir :

Après la bataille d'Iéna, Blücher, à la tête de six mille hommes de cavalerie, essaya de battre en retraite sur Weissensée ; il était sur le point d'y arriver, lorsque le général Klein, à la tête des dragons français, vint lui fermer le passage ; un guerrier si courageux ne pouvait songer à se rendre : aussi Blücher ne se rendit-il pas.... Il se battit donc ?... Pas le moins du monde : il prit seulement la peine de *jurer sur son honneur*, au général français, qu'un armistice avait été conclu entre le roi de Prusse et Napoléon; et le général Klein, assez simple pour trouver dans la parole d'honneur de Blücher une garantie suffisante, livra le passage. Nous prendrons ici la liberté de demander au romancier d'Edimbourg, si ce fut dans cette circonstance que le héros prussien prouva qu'il *était destiné à faire honneur au maître*; et s'il n'eût pas mieux fait alors de *déposer sa vaillante épée*, qu'il ne *déposa*, au reste, qu'en se constituant prisonnier, lui et les vingt mille hommes qu'il avait réunis sous ses ordres. C'est chose très louable, sir Walter, que de faire l'éloge de son ami; mais il ne faut pas que ce soit aux dépens de la vérité; pourquoi donc dire que Blücher aima mieux se rendre que de violer la neutralité du Danemarck? Le fait est que ce général, ayant appris que son infanterie venait d'être battue à Lubeck, se jeta, avec sa cavalerie, sur le territoire danois, et que ce fut là qu'on le prit, et qu'il signa cette capitulation peu honorable qui fit dire à Napoléon: « Voilà les Prussiens en avant sur les Autrichiens. Ils seront plus réservés à l'avenir; ils ne parleront plus d'Ulm. » Sir Walter, je sais aussi bien que vous, je dirai même beaucoup mieux que vous, que, sans votre ami Blücher, votre ami Wellington eût fait, le 18 juin 1815, une fort triste figure; mais, encore une fois, il n'est pas permis à un historien de trahir la vérité en faveur de ses amis.

On a vu plus haut que l'or de l'Angleterre avait seul poussé la Prusse à déclarer la guerre à Napoléon. Le romancier écossais dit lui-même qu'il était juste que l'Angleterre rendît son amitié au gouvernement prussien, puisque celui-ci consentait à faire la guerre à la France: les Prussiens font aiguiser leurs épées, et Walter Scott les loue; ils brisent les vitres des ministres qui veulent la paix, et cela est encore très bien, selon le romancier anglais; mais bientôt ils sont battus, et dès lors ce ne sont plus que des sots, des voleurs.

« Cette étrange catastrophe, dit sir Walter » Scott, excita des sentiments divers, selon qu'on » l'envisageait par rapport à l'administration de » la Prusse, ou par rapport au roi lui-même, » à ses sujets et aux intérêts généraux de l'Eu- » rope. Sous le premier point de vue, on ne » pouvait s'empêcher de reconnaître, avec une » sorte de satisfaction amère, que la politique

» tortueuse et intéressée de la Prusse, dans ce » dernier temps, politique aussi étroite qu'elle » était avide et déloyale, ne recueillait dans le » présent désastre que le châtiment qu'elle avait » mérité. L'indifférence du cabinet de Berlin à » l'aspect des malheurs de l'Autriche, qu'une » démarche énergique de la Prusse pouvait pré- » venir; sa perfidie, et son impudeur à rece- » voir le Hanovre des mains de la France, au » moment même où elle méditait la guerre avec » la puissance qui le lui donnait, cette rapacité » odieuse qui lui faisait refuser de rendre l'é- » lectorat à son possesseur légitime, dans le » temps qu'elle négociait une alliance avec la » Grande-Bretagne: c'était là afficher, pour les » règles ordinaires de la justice, ce mépris qui » fait qu'une nation ne mérite pas la victoire, » et qui souvent même est un obstacle direct à » ses succès. Ce procédé de la Prusse était en » tout semblable à celui du larron qui consent » à trahir son complice, pourvu qu'on lui laisse » emporter sa part du butin. Il ne fallait pas » s'étonner, disait-on, qu'un gouvernement qui » donnait à ses sujets un tel exemple d'égoïsme » et de déloyauté en trouvât peu à l'heure du » besoin qui fussent disposés à sacrifier leurs

» intérêts privés à ceux de la patrie. Si l'on en-» visage la conduite de cette misérable adminis-» tration sous le point de vue politique plutôt » que du côté moral, les désastres de la Prusse » peuvent être attribués à l'incapacité de ses » ministres et réputés la juste récompense de » leur inconduite. Ce présomptueux empresse-» ment à déclarer la guerre après avoir man-» qué toutes les occasions de la faire avec avan-» tage, et la direction donnée aux opérations » militaires, indiquaient chez eux une impru-» dence bien voisine de la folie; et s'ils ne fu-» rent pas coupables d'une noire trahison, ils » étaient du moins frappés d'un aveuglement » déplorable. Aussi, pour ne parler que des » ministres, ils reçurent le prix de leur immo-» ralité politique et de leur impéritie mani-» feste. »

Sir Walter, comme on le voit, n'aime pas que ses amis se laissent battre; cela lui donne de l'humeur : on conviendra cependant qu'il devait y être accoutumé.

Les Prussiens vaincus, il restait à l'armée française à battre les Russes, qui s'avançaient à grandes journées; c'est donc encore de batailles que l'historien anglais va nous entretenir;

mais, cette fois, il ne prend pas le Moniteur pour texte. S'il n'agissait ainsi que dans l'intérêt de l'humanité, nous serions loin de nous en plaindre ; malheureusement, il n'en est pas ainsi. Voici comment il raconte la bataille de Pultusk :

« Au 25 décembre, le général russe Bennigsen » occupait une position concentrée derrière Pul- » tusk. Sa droite, au commandement du comte » Ostermann, s'appuyait à la ville, qui est située » sur la Narew. Un corps occupait le pont, dans » le cas où une attaque aurait eu lieu de ce côté. » La droite, sous Barclay de Tolly, était retran- » chée dans un bois. Le général Zachen condui- » sait le centre. Une grande plaine s'étend entre » la ville et le bois qui formait la droite de l'ar- » mée russe. Un corps nombreux se trouvait en » avant ; la cavalerie tenait la plaine ; une forte » réserve protégeait ses derrières. Le 26, la po- » sition russe fut attaquée par les divisions de » Lannes et de Davoust, soutenues par la garde » impériale. On escarmoucha quelque temps au » centre sans résultat ; la bataille semblait dou- » teuse, lorsque les Français, se réunissant en » force sur leur gauche, se précipitèrent en » foule contre les Russes, afin de tourner leur

» aile droite. Cette manœuvre réussit jusqu'à » un certain point. La supériorité de leur feu » décida Barclay de Tolly à se replier sur sa ré- » serve : ce qu'il fit en bon ordre, pendant que » les Français enlevaient le bois dont nous avons » parlé, et plusieurs pièces d'artillerie. Cepen- » dant Bennigsen résolut, malgré les ordres de » Kaminskoy, de tenter le sort du combat, et » de mettre à profit l'opiniâtre intrépidité des » troupes sous son commandement. Il donna » ordre à Barclay de Tolly de continuer son » mouvement rétrograde. En repliant ainsi son » aile droite, il persuada aux Français, pleins » de confiance dans la victoire, de poursuivre » leur avantage. Mais la cavalerie russe, qui avait » couvert la manœuvre, se retirant tout-à-coup, » ils se trouvèrent sous le feu meurtrier de cent » vingt pièces de canon placées sur le front de » l'armée, et qui firent parmi eux un grand car- » nage. Les Russes avancèrent à leur tour, re- » poussèrent l'ennemi et regagnèrent le terrain » qu'ils avaient perdu. La nuit mit un terme à » ce combat aussi sanglant qu'il avait été » acharné. Les Français perdirent environ huit » mille hommes, tués ou blessés. Au nombre » de ceux-ci se trouvait Lannes, avec cinq au-

» tres officiers - généraux. La perte des Russes » fut de cinq mille hommes. A la nuit tombante, » les Français se retirèrent si précipitamment, » que le lendemain les cosaques ne rencontrè» rent pas même l'arrière-garde dans le voisi» nage de Pultusk. »

Sir Walter Scott, quand il veut s'en donner la peine, fait aussi bien les batailles que les siéges ; il fait manœuvrer les armées avec une habileté remarquable, et l'on serait tenté de dire : « *Où diable ce romancier a-t-il appris l'art de la guerre*? Le maréchal Davoust, nous en sommes persuadés, n'aurait pas manqué de charger les Russes à Pultusk ; mais malheureusement ce brave général, ne pouvant prévoir en 1807 ce qu'un romancier écossais écrirait de lui vingt ans plus tard, n'était pas ce jour là à Pultusk ; il battait aussi l'ennemi, mais c'était à Golymin. Les Français ne perdirent pas huit mille hommes, mais seulement un peu moins de dix-huit cents ; la preuve qu'ils ne furent pas repoussés, c'est qu'ils couchèrent sur le champ de bataille ; et si les cosaques ne les rencontrèrent pas, c'est qu'en vérité ils avaient pour cela les meilleures raisons du monde : car vers la fin du combat, ils tournèrent bride et se sauvèrent en se dirigeant vers Ostrolenka.

Le récit que fait sir Walter Scott de la bataille d'Eylau n'est pas plus exact, et c'est ce que nous allons prouver. Le nouvel historien s'exprime ainsi :

« Cette terrible bataille commença au point » du jour, le 8 février : deux colonnes françai- » ses s'ébranlèrent en même temps, dans le » double but de déborder la droite et d'écraser » le centre russe ; elles reculèrent en désordre » devant le feu bien nourri de l'artillerie en- » nemie. Une attaque sur la gauche des Russes » ne réussit pas mieux ; l'infanterie russe parais- » sait comme une muraille que rien ne peut » renverser ; elle repoussa les assaillants. La ca- » valerie arriva, poursuivit les Français, leur » prit des drapeaux et des aigles. Vers midi » tomba une neige épaisse que le vent chassait » droit au visage des Russes ; il en résulta une » obscurité d'autant plus épaisse, que déjà le » village de Serpallen était en flammes, et que » les combattants se trouvaient enveloppés » comme d'un nuage de fumée.

» Sous la protection de ces ténèbres, six co- » lonnes françaises, avec artillerie et cavalerie,

» arrivèrent sans opposition sur la ligne russe. » Bennigsen, à la tête de son état-major, con» duisit en personne sa réserve au combat : les » Français furent repoussés à la baïonnette ; » leurs colonnes, en partie rompues, regagnè» rent leurs positions, où elles ne se rallièrent » que difficilement. Un régiment de cuirassiers » français qui, pendant ce choc, s'était engagé » dans un intervalle de l'armée russe, fut chargé » par les cosaques, et l'armure défensive ne ré» sista point à la lance ; tous furent tués, ex» cepté dix-huit.

» A l'instant même où la victoire semblait se » déclarer pour les Russes, elle était sur le point » de leur échapper. Depuis le commencement » de l'action, le corps de Davoust manœuvrait » pour tourner l'aile gauche et tomber sur les » derrières de l'ennemi. Son apparition sur le » champ de bataille eut un effet si soudain, » qu'en un moment le village de Serpallen fut » enlevé, l'aile gauche et une partie du centre » russe culbutées et forcées de changer leur » front de manière à former, pour ainsi dire, » angle droit avec l'aile opposée et la partie du » centre qui avait gardé sa position primitive.

» En ce moment critique, et pendant que les

» Français poursuivaient leurs avantages sur les » derrières de l'armée russe, Lestocq, si long-» temps attendu, parut subitement à son tour » sur le champ de bataille, dépassa la gauche » des Français, la droite des Russes, et chargea » trois colonnes pour rétablir le combat. Sous » ce loyal et brave capitaine, les Prussiens re-» conquirent, dans cette sanglante mêlée, leur » ancienne réputation militaire; ils ne firent » feu qu'à la distance de quelques pas; em-» ployant alors la baïonnette avec autant de suc-» cès que de courage, ils regagnèrent le terrain » perdu par les Russes, et refoulèrent les trou-» pes, naguère victorieuses, de Davoust et de » Bernadotte.

» Sur ces entrefaites, le corps de Ney arrivait » et s'emparait de Schloditten, village sur la » route de Kœnigsberg. Les communications des » Russes avec cette ville se trouvant ainsi com-» promises, il fut jugé nécessaire de déloger le gé-» néral français à force ouverte, résolution éner-» gique dont l'exécution réussit. Ce fut le dernier » engagement de cette sanglante journée; il était » alors dix heures du soir, et le combat finit.

» Cinquante mille hommes périrent dans » cette bataille terrible, la plus acharnée où

» Bonaparte se fût encore trouvé, et assurément » l'une des moins heureuses. Il se retira sur les » hauteurs d'où il était descendu le matin, sans » avoir avancé en rien ses affaires, et avec une » perte beaucoup plus considérable que celle » de l'ennemi. »

Cette neige que sir Walter Scott dit avoir été si favorable aux Français, leur fut au contraire très funeste : les colonnes d'Augereau s'avancèrent, il est vrai, dans ce moment; mais, loin d'être protégées par les ténèbres, elles se trouvèrent bientôt dans une situation très critique : car, n'ayant pu s'orienter, elles s'égarèrent et faillirent compromettre le salut de l'armée. Il est faux que les Russes aient réussi à chasser Ney du village de Schloditten : six bataillons essayèrent en effet de déloger les Français; mais la réception qu'on leur fit les força promptement de renoncer à cette entreprise, et non seulement ils n'entrèrent pas dans ce village, mais ils battirent en retraite pendant plusieurs heures et ne se crurent en sûreté que lorsqu'ils eurent passé la rivière de Frisching.

Cette bataille fut très sanglante. L'historien anglais parle de cinquante mille morts, et le *Moniteur* assure qu'il n'y eut pas plus de quatorze mille hommes mis hors de combat. Tout le monde sait que le *Moniteur* ment un peu; mais ce qu'il faut que l'on sache, c'est que sir Walter ment beaucoup; il tue trente mille hommes comme les chasseurs de son pays tueraient *une couvée de coqs de bruyère*. Il assure que les Russes ne perdirent pas une pièce de canon, et il est certain qu'on leur en prit au-delà de quarante: le nombre des morts et des blessés fut à peu près égal des deux côtés; mais les Français restèrent maîtres du champ de bataille, et les Russes firent une retraite précipitée; voilà la vérité, l'exacte vérité: nous demandons maintenant à tous les hommes de bonne foi, si la bataille d'Eylau fut perdue par l'armée française, comme le prétend sir Walter Scott.

Quant à la bataille de Friedland, le romancier anglais veut bien convenir qu'elle fut gagnée par Napoléon, et c'est là tout ce qu'il y a de vrai dans le récit qu'il en fait: il se garde bien de dire que les Russes perdirent dans cette journée vingt-cinq généraux, quatre-vingts pièces de canon, etc. Veut-on savoir la cause de cette inexactitude? sir Walter nous l'apprend sans s'en douter, en avouant que la Grande-

Bretagne était la principale alliée de la Russie.

Vient ensuite la paix de Tilsitt, puis encore un long et ennuyeux appendice, dans lequel sir Walter, qui ne sait pas le français, accuse Napoléon de n'avoir pas su l'orthographe de cette langue ; pour prouver cette assertion, il prend la peine de copier une pièce écrite par Napoléon lui-même, et le savant écossais ne manque pas de nous présenter comme fautes les abréviations dont, ainsi que tout le monde le sait, Napoléon faisait un fréquent usage. Mais c'est particulièrement à la mort du duc d'Enghien que cet appendice est consacré : l'auteur anglais veut bien convenir que, quoiqu'il en parle dans son septième volume, il n'avait pas encore eu le temps d'examiner cette affaire. Pour nous, nous croyons qu'il ne l'a pas mieux examinée par la suite, et cette conclusion du nouvel historien prouve assez que nous ne nous trompons point :

« Après cette fastidieuse discussion, le lecteur sera peut-être désireux de connaître la cause réelle de cet horrible attentat. Napoléon ne paraissait nullement ou fort peu intéressé à la mort d'un prince qui, de tous les membres de la famille des Bourbons, était le

» plus éloigné de la succession au trône. L'o-
» dieux que cette action devait faire tomber sur
» lui, sans qu'il y eût aucun avantage dans la
» balance, était, ainsi qu'on pouvait le croire,
» un motif suffisant pour l'esprit politique et
» positif de Napoléon, de ne pas méditer et
» exécuter un crime d'ailleurs inutile, d'autant
» moins que son caractère n'avait point cette
» cruauté froide qui prend plaisir à faire le mal
» et à verser du sang. . . . . .

» Toutes ces choses admises, nous devons
» rappeler à nos lecteurs que, si Napoléon était
» calme et modéré par politique, il était par
» tempérament emporté, violent, et qu'il avait
» dans le sang quelque chose de ces disposi-
» tions cruelles et vindicatives qui avaient rendu
» la Corse, sa patrie, fameuse depuis les temps
» antiques. Il s'était vu exposé à l'assassinat, et
» ses nerfs paraissaient être particulièrement
» sensibles à ce danger. Il savait que le coup
» avait été dirigé par les partisans de la fa-
» mille royale : dans cette conjoncture, quelle
» pouvait être la première impulsion d'un
» homme appartenant à l'état sauvage ou
» presque sauvage ? L'Indien de l'Amérique
» du nord, offensé par un blanc qui s'est

» dérobé à sa vengeance, la fait tomber sur le » premier Européen qui tombe en son pouvoir. » Le montagnard écossais, ayant à se plaindre » d'un individu d'un autre clan, se venge sur le » premier homme du même clan qu'il rencon- » tre. C'est ainsi que les Corses s'élancent sans » distinction sur leurs ennemis; et, comme dans » cette contrée les haines se transmettent de » père en fils, et sont partagées par les familles » entières, le ressentiment ne se borne pas à la » personne qui a fait l'offense. Le premier con- » sul paraît avoir agi par la même impulsion, » lorsque, persuadé que tous les amis des Bour- » bons en voulaient à sa vie, il se jeta sur le » seul membre de cette famille qui se trouvât » alors à sa portée. Le droit des gens et le droit » social furent également mis en oubli dans la » soif de vengeance qu'il éprouvait, et, pour » satisfaire sa passion, il souilla son histoire » d'un crime dont le temps ne pourra jamais » effacer l'infamie.

» Cette disposition à la violence, qui résultait » d'un ressentiment farouche et demi-barbare, » aurait peut-être entraîné Napoléon dans un » grand nombre de difficultés, si sa politique » et sa considération pour l'opinion publique

» n'eussent prévenu plusieurs actes de ven-» geance ; mais, quoique en général il fût capa-» ble de dompter son caractère, il ne pouvait » pas le dissimuler aux yeux de ceux qui l'ob-» servaient dans son intérieur. Quelqu'un fai-» sait, en présence de Mounier, l'éloge de Na-» poléon, et finissait par défier tous les assistants » de découvrir un caractère pareil au sien. Je » crois, dit Mounier, que je pourrais trouver » quelque chose de pareil à lui *parmi les Monté-» négrins.* »

Sans doute, sir Walter, cette discussion est fastidieuse; vous avez cette fois trouvé le mot propre, et c'est, nous en convenons, ce qu'on trouve rarement dans votre prétendue histoire. Pourquoi donc ne revenez-vous sur ce sujet que pour tripler l'ennui et le dégoût que nous avait inspiré tout ce que vous en aviez dit d'abord ? Il y a cependant une pensée dans votre appendice qui mérite d'être conservée, en ce que l'on peut vous en faire une application dont tout le monde reconnaîtra la justesse.

« Nous ajoutons que jamais romancier, par-» venu à la conclusion de son ouvrage, n'a accu-» mulé tant d'explications dénuées de force et » de probabilité. »

Nous voici au onzième volume de votre éternelle compilation, et, Dieu aidant, nous espérons vous donner encore plus d'une leçon avant d'arriver au dernier. Puisse le courage dont nous faisons preuve dans cette circonstance, contribuer à vous convaincre que l'imagination jointe à l'esprit ne saurait enfanter une histoire supportable.

CHAPITRE VII.

Nous avons déjà dit plusieurs fois que cette prétendue histoire de Napoléon n'est qu'un libelle, et, certes, cette assertion se trouve déjà appuyée d'un assez grand nombre de preuves; cependant nous nous trouvons à chaque instant dans l'obligation d'en apporter de nouvelles. Ce n'est pas seulement Napoléon qui est calomnié dans cet ouvrage: le nouvel historien ne s'est pas contenté de peindre la France et son gouvernement d'alors sous les couleurs les plus odieuses; il insulte tour à tour nos diplomates, nos marins, nos généraux, et jusqu'à ces braves soldats qui firent pendant quinze ans trembler tous les rois de l'Europe. A l'en croire, l'armée française, si brave lorsqu'elle avait à combattre les Autrichiens, les Russes, les Prussiens, etc. etc., cette armée se métamorphosait tout-à-coup en bandes de lâches fuyards lorsqu'elle apercevait l'habit rouge des recrues anglaises. On sait que, lors de la conquête de Naples, les Anglais se joignirent aux bandes de brigands napolitains pour tâcher d'enlever la Calabre au nouveau roi; voici comment Walter Scott rend compte de cette expédition :

« Sir John Stuart, qui commandait les trou-
» pes anglaises envoyées pour défendre la Sicile,
» prépara une expédition contre la côte voisine
» de l'Italie, et débarqua dans le golfe de Sainte-
» Euphémie, près des frontières de la Calabre
» ultérieure, au commencement de juin 1806,
» ayant avec lui un peu moins de cinq mille
» hommes.

» Le débarquement était à peine effectué,
» lorsque le commandant anglais apprit que le
» général Reynier, qui était chargé par Joseph
» Bonaparte du soin de défendre la Calabre,
» avait rassemblé des forces presque égales aux

» siennes, et s'était porté sur Maida, ville située » à dix milles environ de Sainte-Euphémie, dans » le dessein de lui livrer bataille. Sir John » Stuart ne perdit point de temps, et courut » au-devant de lui. Se fiant à sa cavalerie, à la » valeur de ses soldats et à sa propre habileté, » Reynier abandonna une forte position sur la » rive opposée de l'Amata, et descendit en » plaine, le 6 juillet, pour s'opposer aux Anglais. » De tous les généraux de Bonaparte, c'était » celui qu'un Anglais devait souhaiter le plus » de rencontrer ; car il avait publié un ouvrage » sur l'évacuation de l'Égypte, dans lequel il » refusait aux Anglais toute espèce de talent et » de valeur, et n'imputait la perte de cette con- » trée qu'à l'incapacité de Menou, sous lequel » Reynier commandait en second. Il allait alors » tenter lui-même la fortune de la guerre con- » tre l'ennemi qu'il avait tant méprisé.

» A neuf heures du matin, les deux armées » se rangèrent en bataille : la brigade anglaise » d'infanterie légère formait la droite de la li- » gne de front, et le 1er léger, régiment d'élite, » formait la gauche des Français. Ainsi opposés » l'un à l'autre, ces deux corps, comme d'un » consentement mutuel, après deux ou trois

» décharges, s'attaquèrent à la baïonnette. Le » commandant anglais, s'apercevant que les » couvertures que ses soldats portaient sur leurs » dos gênaient leurs mouvements, fit faire halte » afin qu'ils pussent les jeter à terre. Les Fran» çais, voyant l'ennemi s'arrêter, crurent que » la peur les faisait hésiter; ils avancèrent au » pas de charge au milieu de bruyantes accla» mations. Un officier, duquel nous tenons ces » détails, dit qu'il ne put s'empêcher d'éprou» ver une vive inquiétude lorsqu'il vit l'air » martial des Français et l'ordre dans lequel ils » avançaient, et qu'il compara ces vieux soldats » à moustaches avec les troupes anglaises, qui » étaient pour la plupart de jeunes recrues; » mais les Anglais ne furent pas plus tôt débar» rassés de leur fardeau, que, recevant l'ordre » d'aller en avant, ils firent bonne contenance, » et marchèrent à leur tour sur l'ennemi, d'un » pas rapide, et la baïonnette au bout du fusil. » Les officiers français excitèrent alors leurs » soldats, dont le courage commençait à chan» celer, en voyant qu'ils avaient changé de rôle » avec les Anglais, et qu'ils n'étaient plus les » assaillants. Ils s'arrêtèrent; tous les efforts de » leurs officiers pour les faire avancer devinrent

» inutiles ; et, lorsque les Anglais ne furent plus » qu'à la distance de la baïonnette, leurs adversaires rompirent les rangs et prirent la » fuite. Reynier s'efforça vainement de rétablir » le combat avec sa cavalerie ; il fut battu sur » tous les points, et d'une manière à mettre » hors de doute que le soldat anglais, homme à » homme, a sur son ennemi la même supério» rité que les marins anglais ont sur ceux des » autres nations. »

L'indignation que l'on ressent à cette lecture fait bientôt place à la pitié, quand on réfléchit; car il est certain que la démence a pu seule dicter ces pages.

Le corps d'armée du général Stuart n'était pas *d'un peu moins de cinq mille hommes :* il s'élevait à près de neuf mille hommes; mais eût-il été dix fois plus nombreux, à qui le romancier écossais persuadera-t-il que de vieux soldats français s'enfuirent sans combattre dès qu'ils aperçurent l'uniforme des recrues anglaises? Quoi donc, sir Walter, ne pouvez-vous grossir vos avantages, enfler vos bulletins, métamorphoser un petit combat en une grande bataille sans insulter de braves gens ; sans taxer de lâcheté des hommes dont trente batailles attestaient la valeur, et dont tant de fois vos courageux bataillons n'avaient pu supporter le regard? Pourquoi donc ces baïonnettes anglaises, si terribles en Calabre, avaient-elles si précipitamment abandonné le Hanovre, sur la nouvelle de l'approche des Français? Encore une fois, sir Walter, vantez le courage et la bravoure des Anglais, même dans l'*histoire de Napoléon*, nous vous passerons cela; mais ne dites jamais que l'uniforme rouge a fait peur aux vainqueurs d'Iéna, d'Austerlitz, de Friedland, etc.; ne dites pas cela, sous peine d'être réputé calomniateur ou fou.

Le romancier, toutefois, ne s'arrête pas en si beau chemin; il est curieux de lui voir soutenir la supériorité du soldat anglais sur tous ceux de l'Europe.

« Il serait superflu, dit-il, de rechercher ici » si cette supériorité, que nous n'hésitons pas de » proclamer incontestable, à très peu d'excep» tions près, partout où les Anglais se sont ren» contrés en même nombre que leurs adver» saires, provient d'une plus grande force cor» porelle ou d'un caractère plus ferme et plus » résolu; ce qui paraît certain, c'est que le sol» dat anglais, inférieur au français sous le rap-

» port général de l'intelligence et du métier de » la guerre, a pourtant un avantage décidé dans » le choc sanglant et corps à corps d'une charge à » la baïonnette. Il est aussi remarquable que cet » avantage n'est pas particulier à l'un des trois » peuples réunis sous le sceptre de la Grande-» Bretagne, mais qu'il est commun à chacun » d'eux, quelle que soit la différence qui existe » entre leurs habitudes et leur éducation. Les » gardes du roi fournis par la ville de Londres » forment contraste avec un régiment irlandais » recruté dans ses prairies fertiles, ou avec un » corps écossais sorti de ses déserts et de ses » montagnes; cependant il serait difficile de » donner la palme à l'un plutôt qu'à l'autre : » car tous possèdent également ce courage au-» dacieux qui, sans mesurer la force ou calculer » les chances, les fait se précipiter sur l'ennemi » comme le chien dressé au combat sur l'ours » qu'il veut terrasser. »

Les soldats anglais seront sans doute très flattés de se voir comparer à des dogues; et nous avouerons volontiers que s'il ne s'agissait pour faire la guerre que de savoir boxer, les habitants des trois royaumes seraient de terribles champions : mais autre chose est de faire le coup de poing ou de marcher à l'ennemi sous le feu de la mitraille, et messieurs les gardes du roi d'Angleterre, que du reste nous estimons fort, seront, nous n'en doutons pas, un peu surpris d'apprendre qu'ils n'ont ni maîtres ni rivaux pour la charge à la baïonnette.

En voilà assez sur ce point; la loyauté des officiers anglais, nous n'en doutons pas, aura déjà fait justice de la jactance d'un romancier sans pudeur qui va insultant à chaque page les hommes recommandables dont la France s'honore. C'est ainsi qu'après avoir calomnié le général Reynier, il outrage le général Sébastiani; mais, fort heureusement pour ces hommes célèbres, la chute que vient de faire Walter Scott est telle que, on peut le dire, l'attaque part maintenant de trop bas pour atteindre jusqu'à eux.

Passons maintenant, pour suivre le nouvel historien, au second bombardement de Copenhague, mille fois plus odieux que le premier. On se rappelle encore le cri d'indignation qui fit retentir l'Europe entière lorsque le gouvernement anglais se couvrit d'un crime dont les peuples les plus barbares n'ont jamais donné l'exemple; eh bien, c'est ce crime que Walter

Scott prétend justifier; ce fait atroce, il le présente comme une belle action; il chante les louanges de celui qui la conçut, et il félicite sa patrie du courage avec lequel elle consentit à se couvrir de honte et d'infamie. La longueur de ce passage nous engageait à n'en donner qu'une analyse; mais il est tel que l'on ne manquerait pas, quelle que fût notre réserve, de nous accuser d'exagération; laissons donc parler le nouvel historien :

« Les premiers symptômes du changement » opéré dans la politique de l'Angleterre parurent dans la fameuse expédition de Copenhague, qui prouva une énergie et une détermination que l'on ne voyait plus depuis quelque temps dans les opérations militaires de la Grande-Bretagne. On ne saurait douter sérieusement que le grand moyen à l'aide duquel Bonaparte pensait imposer son système continental, et réduire le pouvoir de l'Angleterre sans coup férir, ne fût la coalition des puissances du Nord contre la supériorité maritime de la Grande-Bretagne. C'était ce dont on l'avait menacée lorsque la guerre fut terminée avec l'Amérique, et ce que l'on avait cherché à effectuer en 1801, lorsque ce pacte, peu na-

» turel, fut rompu par le canon de Nelson et la » mort de l'empereur Paul. Le traité de Tilsitt, » suivant les renseignements que s'était procu» rés l'ambassadeur anglais, contenait un article » favorable au système continental, et les mi» nistres reçurent d'ailleurs, sur ce sujet, les » informations les plus positives. En effet, l'em» pereur Alexandre avait montré, par plusieurs » indices, que, dans la nouvelle alliance qu'il » avait formée avec l'empereur de l'Europe occi» dentale, il était prêt à épouser son ressentiment » et ses projets hostiles contre l'Angleterre. On » ne pouvait guère espérer que l'infortuné Gus» tave de Suède entrât volontairement dans l'al» liance projetée des puissances du Nord, et sa » ruine était probablement résolue; mais l'ac» cession du Danemarck était de la plus grande » importance. Cette puissance possédait encore » une flotte, et l'île de Sélande, par sa situation, » la rendait maîtresse de la Baltique. Sa faiblesse » reconnue ne lui permettait pas de résister un » moment à l'influence réunie de la Russie et de » la France, alors même que le fâcheux souvenir » de la destruction de sa flotte par Nelson ne fût » pas venu se joindre à ses inclinations pour la » faire pencher de ce côté : il était évident qu'on

» ne permettrait au Danemarck de garder la » neutralité que jusqu'au moment où il con- » viendrait aux puissances coalisées de lui faire » prendre les armes. Dans cette persuasion et » voyant que les troupes françaises s'appro- » chaient du Holstein, du Jutland et de la Fionie, » le gouvernement anglais, agissant d'après les » renseignements qu'il avait obtenus sur les des- » seins de l'ennemi, se crut en droit d'exiger du » Danemarck un gage de la conduite qu'il se » proposait de tenir lors des premières hosti- » lités, et une sûreté raisonnable que ce gage » une fois donné ne serait pas légèrement aban- » donné.

» Une expédition formidable fut préparée » alors, et, par humanité aussi bien que par » politique, on la rendit assez imposante pour » que la résistance que les Danois, peuple cou- » rageux et fier, pourraient opposer à une fa- » çon aussi dure, de la part de l'Angleterre, » d'exposer ses griefs, devînt tout-à-fait impos- » sible. Vingt-sept bâtiments de guerre et vingt » mille hommes de troupes furent envoyés dans » la Baltique, sous les ordres de lord Cathcart, » pour appuyer la négociation avec le Dane- » marck, que l'on espérait encore pouvoir ter-

» miner sans le secours des armes. La flotte fut » conduite avec beaucoup d'habileté à travers » les écueils du Belt, et fut disposée de manière » que quatre-vingt-dix voiles suffirent pour » bloquer les rivages de la Sélande.

» Ce fut sous de tels auspices que la négo- » ciation fut entamée. L'envoyé anglais, M. Jack- » son, était chargé de remplir auprès du prince » royal une tâche très délicate, celle de lui re- » présenter que l'Angleterre attendait de son » altesse qu'elle expliquât ses sentiments d'une » manière non équivoque, et déclarât son op- » tion entre elle et la France. Une condition » désagréable était ajoutée à cette demande; » c'était que, pour rendre plus certaine toute » protestation d'amitié ou de neutralité, il fallait » que la flotte danoise et son matériel fussent » livrés à l'Angleterre, non pas à titre de pro- » priété, mais bien pour être remis au Dane- » marck lorsque l'état des affaires, qui la forçait » à exiger de telles sûretés, aurait fait place à » des circonstances plus pacifiques. L'alliance » la plus étroite, et toute la protection que la » Grande-Bretagne pouvait accorder, furent » promises, afin d'obtenir que le prince accédât » à ces propositions; enfin, on lui fit entendre

» que les forces que l'Angleterre déployait » contre le Danemarck lui serviraient d'ex- » cuses envers la France, s'il voulait les faire » valoir pour prouver qu'il avait été forcé de » se soumettre aux demandes de la Grande- » Bretagne ; mais en même temps on lui inti- » mait que ces mêmes forces allaient être em- » ployées contre lui en cas de refus.

» D'après les formes ordinaires de la poli- » tique des nations à l'égard les unes des autres, » de telles réquisitions, de la part de l'Angle- » terre envers le Danemarck, auraient été dures » et sans excuse ; mais les circonstances présen- » tes lui servaient de justification. La position » de l'Angleterre était alors celle d'un individu » qui, menacé de l'approche des forces supé- » rieures d'un ennemi mortel, voit près de lui » un homme en armes dont il a raison de se » méfier, puisque déjà, dans deux occasions, » cet homme s'est ligué contre lui, et que tout » lui prouve qu'il est prêt à le trahir dans une » troisième. Certainement, dans une telle cir- » constance, l'individu ainsi menacé aurait tout » droit d'exiger que ce tiers parti déclarât ses » intentions, et, s'il en avait la force, il pourrait » même lui enlever ses armes et les retenir

» comme le meilleur garant de sa neutralité.

» Bien qu'on puisse admettre ce raisonnement pour justifier les demandes de l'Angleterre, nous ne sommes pas surpris qu'il n'ait pas suffi pour déterminer le roi de Danemarck. Il y avait quelque chose de honteux pour le prince à livrer la flotte danoise, en cédant à la menace qu'on saurait bien l'y contraindre; et, quoique par amour pour son peuple et pour sauver sa capitale, il eût dû prudemment épargner une résistance inutile, il est impossible de blâmer le sentiment d'honneur et de fierté qui le porta à se défendre du mieux qu'il lui était possible.

» Aussitôt que l'on s'aperçut que les Danois se proposaient d'éluder une réponse, afin de gagner du temps et de faire en toute hâte des préparatifs de défense, les Anglais débarquèrent, disposèrent leurs batteries, et commencèrent un bombardement qui occasiona un épouvantable incendie. Quelques troupes que l'on avait réunies dans l'île furent dispersées par celles de sir Arthur Wellesley, nom déjà célèbre dans l'Inde, mais cité alors pour la première fois dans les guerres de l'Europe; enfin les Danois discontinuèrent une défense

» inutile, et le 8 septembre, la citadelle et les » autres forts de Copenhague se rendirent au » général anglais. Les vaisseaux danois furent » frêtés avec la plus grande célérité possible, » ainsi qu'un grand nombre de transports » et un matériel considérable, qui, si les Fran- » çais s'en fussent emparés, leur auraient » donné de grandes facilités pour équiper une » flotte. »

Avec quelle froide cruauté l'écrivain anglais nous déroule le tableau de ce crime!.... Le Danemarck est en paix avec l'Angleterre; ses ports sont ouverts au pavillon britannique; la plus petite mésintelligence n'existe pas entre les deux gouvernements, pas le moindre nuage qui puisse faire présager la tempête.... Tout-à-coup une flotte anglaise fond sur Copenhague, écrase cette malheureuse cité sous une grêle de bombes; des milliers de victimes sont immolées, la moitié de la ville devient la proie des flammes; et un écrivain mercenaire ose nous dire que l'humanité avait présidé à cette horrible expédition; la barbarie des Anglais est appelée énergie..... Et c'est ce même écrivain qui reproche tant de fois et si amèrement aux Français d'avoir violé la neutralité des nations!.....

Ici, nous demandons grâce au lecteur : les expressions nous manquent pour réfuter tant de cruauté et d'infamie entassées sur tant d'injures et de mensonges !.....

« Telle est, au reste, dit un historien, la morale du gouvernement anglais : il ne se fonde pas sur d'autres principes quand, sans déclaration de guerre, il saisit dans ses ports les bâtiments de la nation dont il va se déclarer ennemi ; sa politique est celle des Turcs. Font-ils pis quand ils enferment aux Sept-Tours les ambassadeurs des puissances avec lesquelles ils ont résolu de rompre ? »

Les Turcs, il est vrai, ne montrent pas plus de loyauté ; mais au moins ils sont assez généreux pour ne pas insulter au malheur de leurs victimes ; eh bien, cette générosité, les Anglais ne l'ont même pas : comme si ce n'était assez d'avoir livré aux flammes la capitale d'un pays ami, l'Angleterre, joignant la dérision à la perfidie, offrit son alliance au Danemarck, dont elle venait de ruiner la capitale, et ce ne fut que lorsque celui-ci eut rejeté cette offre, que la guerre lui fut déclarée !... Lorsqu'en lisant ce passage de l'historien anglais, nous nous rappelons que l'auteur avait promis d'être impartial, notre indignation est à son comble, et la plume nous tombe des mains..........

Bientôt, comme pour pallier ses torts, sir Walter Scott parle du gouvernement intérieur de la France; il en fait l'éloge en quelques endroits; mais on voit assez qu'il n'est pas là sur son terrain : son air est contraint, sa marche embarrassée; le mensonge et la satire, ses éléments naturels, lui manquent : on dirait qu'il est menacé de suffocation; et dans le péril qui le menace il s'empare avec avidité de tous les moyens de salut qui se présentent. C'est ainsi qu'à propos du *Code civil*, monument immortel, il nous assure gravement que « Napo- » léon, n'envisageant que le côté vulgaire et » superficiel d'une question, se laissait aller à » proposer des altérations qui eussent été fata- » les à l'administration de la justice et au déve- » loppement ainsi qu'à l'amélioration de la loi » municipale : son idée était que les avocats et » les avoués ne devaient être payés que lorsque » la cause de leur client aurait triomphé. Cette » mesure, si elle eût été adoptée, aurait suffi » pour faire fermer les portes de la justice; car » quel praticien aurait voulu abandonner ainsi » une grande partie de ses moyens d'existence,

» et consentir que l'autre partie dépendît de » l'incertitude d'une transaction hasardeuse. Un » homme de loi n'est pas plus responsable de la » perte d'une cause qu'un jockey ne l'est de ne » pas remporter le prix de la course; ni l'un ni » l'autre ne sauraient prévoir avec certitude l'is- » sue de l'évènement, et ils ne peuvent être ren- » dus responsables si leur habileté et leur adresse » n'ont pas un plein succès. Napoléon ignorait » sans doute que ce n'est pas en empêchant les » procès d'être appelés devant les cours de jus- » tice qu'on peut les prévenir, mais bien par » un système sage de discuter et de juger un » point important entre deux plaideurs : une » fois décidée, une question ne pourra, en effet, » sous les mêmes formes ou dans les mêmes » circonstances, être un sujet de dispute pour » d'autres. »

Sir Walter, qui a comparé Robespierre à un boa, les soldats prussiens à des coqs de bruyère, et les guerriers anglais à des dogues, pouvait certainement comparer les avocats à des jockeys. Ces nobles comparaisons lui sont ordinaires; c'est une espèce de remplissage qui abonde sous sa plume; et comme il se pourrait, à la rigueur, que sa prétendue histoire de Napoléon trouvât des admirateurs parmi les jockeys, c'était agir en homme sensé que de brûler un grain d'encens en l'honneur de ces héros de New-Market ; seulement, il est fâcheux que, pour plaire à des valets, on soit dans l'obligation d'attribuer des sottises à un grand homme.

Quant à notre *Code civil*, que tous les hommes supérieurs de notre siècle regardent comme un chef-d'œuvre, il n'est aux yeux du romancier qu'un ouvrage fort médiocre :

« Ce code, dit-il, peut être comparé à un » magasin construit avec toutes les proportions » des règles de l'architecture, séduisant par » son apparence extérieure et la simplicité du » plan, mais trop étroit pour la quantité de » marchandises nécessaires aux besoins publics : » la loi anglaise ressemble aux voûtes élevées » d'un monument gothique, obscur à la vérité » et contre les règles, mais contenant un im» mense approvisionnement de toutes les cho» ses nécessaires à la vie, et où ceux qui en » connaissent bien les plus secrets détours trou» vent tout ce qu'ils y cherchent. La pratique » ou les cas décidés forment comme un ouvrage » avancé, destiné à protéger le boulevart de la » loi établie, et quoiqu'elles ne puissent être

» coordonnées régulièrement, chaque décision » indépendante s'appuyant des décisions ana- » logues, résiste aux empiètements des innova- » tions, et protège la loi dans la proportion de » son importance relative.

» La certitude de la jurisprudence anglaise » (car, en dépit de l'opinion contraire, cette » jurisprudence a acquis un degré comparatif » de certitude) est appuyée sur la multitude de » ses décisions. La manière de voir de chaque » individu sur ses propres droits placés sous la » prévoyance générale de la loi, est communé- » ment modifiée par quelques décisions anté- » rieures sur un cas semblable : en se référant » à ces précédents, un homme habile peut sou- » vent éviter les frais et les embarras d'un » procès, qui est étouffé ainsi à sa naissance. » Si nous sommes bien informés du nombre » d'actions jugées annuellement selon notre » droit coutumier, on n'en compte pas plus de » vingt-cinq à trente, selon le calcul fait dans » chaque comté; nombre très limité si l'on con- » sidère la richesse du royaume aussi bien que » les transactions diverses et compliquées qu'a- » mène l'état avancé et factice de la société dans » laquelle nous vivons. »

Jurisconsultes français, pauvres gens qui vous êtes donné tant de peine pour rédiger des lois en harmonie avec nos mœurs, que n'avez-vous copié le code anglais? ne voyez-vous pas que rien ne ressemble plus aux lourds et tristes habitants de la Grande-Bretagne que les légers et spirituels Français?..... Nous allions nous mettre en colère contre ces auteurs des *Cinq codes* qui ne voulurent pas reconnaître la supériorité de la jurisprudence anglaise, et nous nous disposions à les chapitrer vertement, lorsqu'un scrupule est venu tout-à-coup modérer notre ardeur : qui sait, pensâmes-nous, si cette supériorité de la jurisprudence anglaise ne ressemble pas un peu à la *supériorité incontestable* des soldats de sa majesté britannique?... Voilà ce que vous gagnez, sir Walter, à n'avoir pas réservé les plus grosses absurdités pour la fin de votre ouvrage.

Il ne faut pas croire cependant que le romancier écossais connaisse *mal* nos lois, dont il parle si *bien;* mais malheureusement, quand il s'agit de peindre ces objets, l'esprit de parti lui fournit des couleurs, et l'amour de l'or dirige son pinceau; exemple :

« La conscription française devenait surtout

» plus cruelle par l'extrême rigueur de ses » conditions; aucune distinction n'était faite » entre l'homme marié, dont l'absence pouvait » causer la ruine de sa famille, et celui qui, n'é» tant pas marié et faisant partie d'une famille » très nombreuse, pouvait facilement servir. » Le fils de la veuve, celui qui soutenait un père » infirme et sans ressources, n'avait droit à » aucune exemption. Trois fils pouvaient être » successivement enlevés à leurs parents déso» lés; on ne permettait pas même de s'assurer » d'un remplaçant avant le tirage de la cons» cription. Ceux qui étaient hors d'état de ser» vir payaient une sorte d'amende proportion» née à la quote-part des taxes qu'eux ou leurs » parents payaient à l'état, et qui variait depuis » cinquante francs jusqu'à douze cents francs. » On pouvait fournir un remplaçant, mais il » était à la fois difficile et ruineux de s'en pro» curer : car la loi exigeait que ces remplaçants » eussent non seulement les qualités requises » pour le service militaire, mais qu'ils fussent » domiciliés dans le même arrondissement que » ceux qu'ils devaient remplacer, et qu'ils eus» sent déjà subi le sort. Ceux qui pouvaient rem» plir toutes les formalités voulues par la loi

» connaissaient leur prix, et ne se décidaient à » servir que pour des sommes considérables; » souvent aussi ces remplaçants désertaient en » chemin, et volaient ainsi ceux qui les avaient » achetés: car ils en étaient responsables jusqu'à » ce qu'ils eussent rejoint leurs corps; enfin la » difficulté de s'exempter du service par un » remplaçant était si grande, qu'un nombre » considérable de jeunes gens bien élevés, ap- » partenant à des familles respectables, étaient » arrachés à toutes les espérances d'une position » heureuse, pour vivre et mourir soldats.

» Rien dans le gouvernement de Napoléon » n'était exécuté avec plus de rigueur que la » levée des conscriptions. Le maire, que ses » fonctions appelaient à veiller à ce que tous » les individus que leur âge mettait à la dispo- » sition de la loi comparussent devant lui pour » tirer au sort, était forcé, sous les peines les » plus sévères, d'éviter de montrer la plus lé- » gère indulgence. La marque, le pilori ou les » galères menaçaient le magistrat lui-même, si » l'on s'apercevait qu'il eût favorisé un individu » que la conscription réclamait. Cette même loi » punissait d'une manière terrible les conscrits » réfractaires, et les fonctionnaires publics

» étaient partout à leur poursuite. Lorsqu'ils » étaient arrêtés, on les traitait comme con» vaincus d'un crime infâme. Revêtus des vête» ments du déshonneur, chargés de chaînes, et » traînant le boulet, ils étaient condamnés » comme des esclaves à travailler aux fortifica» tions; s'ils s'évadaient, leurs parents restaient » responsables, et souvent étaient mis à l'amende » ou punis plus sévèrement. »

Loin que la loi de la conscription forçât les fils de veuves à se rendre sous les drapeaux, un article de cette loi portait qu'ils seraient exemptés du service militaire; un autre article portait que lorsque l'aîné de deux frères serait en activité de service, le puîné ne serait pas appelé; on était parfaitement libre de s'assurer d'un remplaçant, soit avant, soit après le tirage; la loi n'exigeait pas que le remplaçant fût du même arrondissement, il n'était pas même nécessaire qu'il fût du même département. Cette loi fut souvent violée, cela est vrai; mais était-ce la faute des législateurs? Il est également faux qu'on envoyât aux galères les magistrats indulgents en matière de conscription; seulement, le gouvernement ne souffrait pas que l'on fît un trafic honteux de ces indulgences.

Lorsque les conscrits réfractaires étaient arrêtés, on se contentait de les faire conduire par des gendarmes, au régiment dont ils devaient faire partie; s'ils étaient arrêtés après avoir déserté, on les incorporait dans un bataillon de discipline; il était excessivement rare qu'un déserteur fût condamné au boulet, et il fallait encore pour cela que la désertion eût été accompagnée de quelques circonstances graves.

Le despotisme de quelques préfets, le désir qu'ils avaient de faire leur cour au *maître*, furent souvent cause de la non-exécution, ou, si l'on veut, de la violation des articles bienveillants de cette loi; vers la fin de l'empire, le malheur des temps rendit à la fois cette violation plus fréquente et plus excusable; mais il ne faut pas dire que la loi autorisait à faire ce qu'on ne faisait qu'en en violant et l'esprit et la lettre. Cette loi n'était ni inhumaine ni barbare; elle ne ressemblait en aucune façon à celle que fait exécuter le gouvernement anglais pour se procurer des soldats et des matelots.

Ainsi, on le voit, sir Walter a tronqué la vérité dans presque toutes les circonstances.

Mais nous voici maintenant arrivés à une époque de la vie de Napoléon où la partialité et la mauvaise foi du nouvel historien se font particulièrement remarquer : nous voulons parler de la guerre d'Espagne. A Dieu ne plaise que nous tentions de justifier l'agression de l'empereur français. Pourquoi sir Walter ne s'est-il pas contenté de reprocher à ce grand homme les torts qu'il eut alors? la vérité prêtait assez au reproche; il ne fallait pas y joindre l'esprit de parti et l'animosité qui s'y font remarquer, comme nous le verrons bientôt.

CHAPITRE VIII.

Sir Walter parle avec assez de décence, nous en convenons, des intrigues qui précédèrent et amenèrent la guerre d'Espagne. Ce n'est pas la justification de Napoléon que nous avons entreprise, mais seulement la réfutation de tout ce que le nouvel historien de ce grand capitaine a avancé de faux, d'absurde, de calomnieux; et la moisson est encore assez abondante pour que nous ne puissions la recueillir entièrement.

Passons donc sur l'abdication du vieux roi Charles, sur les mœurs dépravées de sa femme, sur la conduite à la fois faible et cruelle de Ferdinand; laissons ces intrigues que sir Walter n'a pas l'air de connaître beaucoup mieux que nous, et passons aux évènements de la guerre que nous connaissons beaucoup mieux que lui.

La capitulation du général Dupont est le premier évènement sur lequel nous nous arrêterons. Sir Walter, après avoir affirmé que cet officier était l'un des meilleurs généraux de l'armée française, assertion trop ridicule pour être réfutée, s'exprime ainsi:

« Le 16 juillet deux fortes divisions espa- » gnoles attaquèrent les Français sur des points » différents, les délogèrent de Baylen et les re- » poussèrent sur Menjibar, tandis que Casta- » nos, à la tête d'un très grand nombre de trou- » pes, occupa tellement Dupont qu'il ne put » aller au secours de ses généraux de brigade, » dont l'un d'eux, Gobert, fut tué pendant l'ac- » tion. Dans la nuit du 18 le combat s'engagea » de nouveau par la tentative que firent les

» Français pour reprendre Baylen. Des deux » côtés les soldats combattirent en désespérés; » les Espagnols, sachant bien qu'il leur arrive- » rait du secours, tinrent bon et gardèrent le » village. L'action dura une grande partie de la » journée, et Dupont, après un honorable ef- » fort pour ressaisir la victoire par une charge » vigoureuse, fut défait sur tous les points, et si » bien entouré par les forces supérieures des » Espagnols, que sa retraite devint impossible; » il ne lui resta plus d'autre ressource que de » capituler. Il fut forcé de se rendre, lui et ses » soldats, comme prisonniers de guerre. On » stipula pour la brigade de Védel, qui n'était » pas sous le commandement immédiat de Du- » pont, et qui était moins enveloppée que les » autres, qu'elle serait reconduite en France sur » des vaisseaux espagnols: cette partie de la » convention de Baylen ne fut point observée, » et toute la division de Dupont resta prison- » nière. Les Espagnols furent portés à cet acte » de mauvaise foi, en partie par l'opinion qu'ils » avaient que les généraux français avaient agi » de ruse envers Castanos pour en obtenir une » semblable condition, et aussi par cette fausse » idée que la perfidie des Français, à l'égard de

» l'Espagne, les dispensait de l'obligation d'ob-» server leur parole. Cette violation fut surtout » l'effet des instigations de Morla, le successeur » de l'infortuné Solano, et qui ne se faisait au-» cun scrupule de recommander à ses compa-» triotes de sacrifier l'honneur à l'intérêt, sacri-» fice qui lui coûta peu à lui-même lorsque dans » la suite il abandonna la cause de la patrie pour » celle du roi intrus. »

On est forcé de convenir que la situation du général Dupont était très difficile; arrivé devant Baylen, le 19, à trois heures du matin, il est attaqué par le général Reding; après huit heures de combat, la victoire paraissait indécise, lorsqu'une brigade suisse du corps d'armée de Dupont passe à l'ennemi; intimidé par cette défection inattendue, le général demande à capituler.

Sa situation cependant n'était point désespérée; plusieurs de ses officiers lui en firent l'observation; Reding lui-même, considérablement affaibli, était sur le point de battre en retraite; mais, par un entêtement inexplicable, Dupont persista à vouloir se rendre. Le général Védel, qui, dans ce moment, battait l'ennemi, et venait de lui prendre plus de sept cents hommes, fut assez surpris d'apprendre qu'il était lui-même prisonnier. Le nouvel historien nous dit bien que l'article de la capitulation qui regardait ce brave général et ses soldats fut violé; mais il ne nous dit pas par qui, ou plutôt, il ne nous dit pas pourquoi : plus sincère, ou mieux instruit que lui, nous dirons : Cette capitulation ne fut pas exécutée, parceque les Anglais refusèrent de l'approuver : les braves qu'avait commandés Védel furent jetés dans le bagne de Cadix, puis réclamés par l'Angleterre et entassés sur les pontons de Plymouth, où la misère et la faim firent périr ceux que la mitraille avait épargnés. Quelques uns cependant survécurent à la longue torture que leur fit endurer l'humanité britannique, et nous en connaissons plusieurs qui, bien que jouissant aujourd'hui de toutes les délices de la vie, ne peuvent entendre prononcer le nom *d'Anglais* sans être aussitôt agités de mouvements convulsifs.

De Dupont à Wellington, la transition n'est pas aussi brusque qu'on pourrait l'imaginer; ce sont gens à peu près de même force. Dire que Wellington est le plus grand capitaine du siècle, c'est comme si l'on disait que sir Walter est le plus grand historien du monde, c'est cependant ce que cherche à prouver le nouvel historien de Napoléon.

Jechante le vainqueur des vainqueurs de la terre!

C'est à peu près ainsi que débute le romancier écossais en nous parlant de son noble ami; mais, en dépit du talent de l'écrivain, on voit promptement que le *vainqueur des vainqueurs* est tout simplement un pauvre sire à qui on est parvenu à faire accroire qu'il avait du génie. Toutefois, ce personnage, qui avait fait ses premières armes dans l'Inde, débarque en Portugal; et voici en quels termes l'écrivain que nous réfutons rend compte de cet évènement:

«Une expédition forte de six mille hommes »avait déjà mis à la voile de Cork, et, ce qui »était d'une plus grande importance que si le »nombre de ces troupes eût été triplé, elles »étaient sous le commandement de sir Arthur »Wellesley (1), second fils du comte de Mor»nington, et l'un de ces hommes favorisés du »ciel, sur qui le destin du monde semble tour»ner comme une porte roule sur ses gonds, ou

(1) Aujourd'hui lord Wellington.

» comme le vaisseau est conduit par son gou-
» vernail.

» Dans l'Inde, sir Arthur Wellesley avait vu » et fait la guerre sur une grande échelle. Su» périeur par là à tous les officiers-généraux de » l'armée européenne de l'Angleterre, qui n'a» vaient pas son talent, ou du moins son expé» rience, il avait une parfaite connaissance » des moyens d'entretenir une armée en cam» pagne. Familiarisé avec la combinaison et » l'ensemble des grands mouvements de troupes » dans de vastes régions, son génie naturel le » rendait capable d'appliquer les règles de l'art » de la guerre, qu'il avait faite dans l'Inde, à » d'autres contrées, et contre un ennemi diffé» rent. Redoutable par ses plans de bataille, » heureux dans l'action même, il fut plus dis» tingué encore par cette activité et cette sagacité » qui, n'étant jamais satisfaites d'une victoire » inutile, poussait jusqu'au bout les avantages » qu'il avait obtenus par ses savantes disposi» tions et la valeur de ses troupes. Son esprit » n'était jamais absorbé par l'évènement actuel, » quelle que fût son importance. Le passé et » l'avenir ne l'occupent pas moins; le résultat » de ses idées sur l'ensemble d'une opération

» étant toujours simple et vrai, semblait plutôt » une décision instinctive que l'effet de la ré- » flexion : dans le fait, l'esprit de cet homme » unique et distingué semblait être inaccessible » aux erreurs et aux fausses vues qui égarent » les penseurs ordinaires ; la force de son juge- » ment les repoussait, comme un sol heureux » ne saurait produire ni nourrir des herbes pa- » rasites ; et l'on peut dire de lui que l'opinion » qu'il se formait de l'objet sur lequel il fixait » son attention, approchait peut-être de la per- » fection de la raison humaine autant que peut » le permettre la faiblesse de notre nature.

» A cette prescience du génie, qualité si rare, » sir Arthur Wellesley joignait une décision si » ferme, que, lorsqu'une fois son parti était pris, » il envisageait de sang-froid l'issue de l'évène- » ment, et restait étranger à ces doutes et à ces » vacillations que les hommes les plus résolus » ont souvent montrés dans les circonstances » difficiles, mais qui diminuent l'énergie des » chefs et épuisent le courage des soldats. Un » tempérament qui lui permettait d'endurer » toute espèce de fatigues et de privations, la fa- » culté de suppléer au besoin d'un repos régu- » lier par de courts instants de sommeil goûté

» quand l'occasion s'en présentait, et une vue » perçante au plus haut degré, servaient à com» pléter les qualités qu'avait sir Arthur Wellesley » pour le rôle extraordinaire auquel la Provi» dence l'avait destiné. On peut ajouter que, » sous le rapport de la précision de la pensée, » de la sagacité du jugement, de la promptitude » des décisions et de la fermeté, il y avait beau» coup de ressemblance entre Napoléon et le gé» néral anglais qui devait être son grand rival; » ces deux caractères nous prouvent que ce ne » sont pas les hommes doués d'un talent rare et » extraordinaire qui exécutent les plus grandes » entreprises, mais plutôt ceux qui sont doués » au plus haut degré de perfection du jugement, » de la fermeté, de la prévision et de la rapidité » d'exécution que les hommes *ordinaires* ne pos» sèdent qu'à un degré *ordinaire.* »

Wellington comparé à Napoléon! *Risum teneatis!...* On convient généralement que le captif de Sainte-Hélène se connaissait en fait de mérite, eh bien! voici ce qu'il disait du héros anglais : « *La fortune a plus fait pour lui qu'il n'a fait pour elle.* » Voyons donc comment, d'après sir Walter-Scott, la fortune traita le grand guerrier à son arrivée en Portugal :

« Ce fut sous de tels auspices que l'expédi- » tion mit à la voile pour la péninsule; elle tou- » cha à la Corogne, et les nouvelles que sir Ar- » thur Wellesley y apprit le déterminèrent à » choisir le Portugal pour théâtre de ses opé- » rations, comme le point sur lequel ses succès » devaient avoir le plus d'influence sur la cause » générale. Ayant ouvert des communications » avec Oporto, il fut bientôt informé que Du- » pont avait été défait, et que le roi intrus avait » quitté Madrid. Ces nouvelles étaient de la plus » grande importance ; car les conséquences de » la défaite de Dupont devaient vraisemblable- » ment donner de l'occupation à l'armée victo- » rieuse de Bessières, qui, si elle eût été moins » nécessaire en Espagne, aurait pu entrer en » Portugal et agir de concert avec Junot. Un » corps de troupes anglaises qui avait été des- » tiné à soutenir Castanos, s'étant trouvé libre » par la capitulation de Baylen, s'embarqua, et » vint rejoindre sir Arthur Wellesley. On ap- » prit peu de temps après que l'armée anglaise » allait recevoir immédiatement un renfort de » quinze mille hommes, et que sir Hew Dal- » rymple commanderait en chef. Cet officier » était gouverneur de Gibraltar, et avait montré

» beaucoup de sagesse et d'énergie en encou-
» rageant les patriotes espagnols, et en les aidant
» de ses conseils et de son appui. Mais ce n'est
» pas lui faire injure de dire qu'il paraît ne pas
» avoir possédé cette réunion peu commune de
» talents militaires et politiques qu'exigeait im-
» périeusement, dans la crise présente, la situa-
» tion de commandant en chef de l'armée de
» Portugal.

» Sir Arthur Wellesley fit débarquer son ar-
» mée dans la baie de Mondego, et s'avança sur
» Leiria en suivant la côte, afin de pouvoir com-
» muniquer avec la flotte, qui avait à bord
» toutes les provisions. Les généraux français
» Laborde et Thomières furent détachés de Lis-
» bonne pour arrêter les progrès des ennemis,
» et Loison ayant quitté l'Alentejo était en mar-
» che pour opérer sa jonction avec ses compa-
» triotes. Pendant ce temps, un corps d'insurgés
» portugais en désordre, et commandé par le
» général Freire, homme capricieux et d'une
» faible raison (qui perdit la vie pour avoir été
» soupçonné de trahir la cause patriotique), gêna
» d'abord le général anglais par ses prétentions
» extravagantes, et refusa finalement de coopé-
» rer avec lui. Un général d'un caractère ordi-

» naire aurait pu, non sans raison, être tellement » choqué de la conduite de ceux qu'il était venu » secourir, que son zèle se serait refroidi pour » une cause qui paraissait presque indifférente » à ses défenseurs naturels; mais sir Arthur » Wellesley, aussi distingué par sa connaissance » des hommes que par ses talents militaires, sut » apprécier à leur juste valeur le caprice d'un » individu appelé si soudainement à un com» mandement auquel sa vie précédente l'avait » rendu peu propre, et la susceptibilité de l'es» prit national chez une population insurgée. » Il savait qu'il devait vaincre les Français pour » obtenir la confiance des Portugais; et avec » une activité qui prévint la jonction de Loison » et de Laborde, il attaque ce dernier, le 17 août, » au moment où il attendait son collègue dans » une forte position près la ville de Rolissa. » Prenant les Français de front et en flanc, il les » força de reculer. Cette première victoire fut le » premier succès réel que l'armée anglaise obtint » dans les nombreux évènements de la guerre » de la péninsule. Laborde fit sa retraite sur » Torres-Vedras, point vers lequel Loison s'était » aussi dirigé. »

Voilà bien du bavardage pour une escarmouche! Sir Arthur attaque avec quinze mille hommes le général Laborde qui n'en avait pas deux mille; le général anglais perd deux fois plus de monde que les Français; ces derniers font leur retraite en bon ordre, et sir Walter Scott crie victoire comme s'il s'agissait d'une grande bataille gagnée! Il est vrai que c'était un spectacle nouveau pour les Anglais, de voir nos grenadiers battre en retraite; et sir Arthur fut tellement surpris d'être resté maître du terrain avec des forces huit fois supérieures, qu'il craignit quelque piége, et n'osa poursuivre cette poignée de braves. Son admiration pour Wellington empêche sir Walter de voir qu'il rapetisse singulièrement son héros en chantant ses louanges sur ce ton.

Cinq jours après ce petit combat, Junot livre bataille, et nous reconnaissons encore la bonne foi ordinaire du nouvel historien, qui s'exprime ainsi :

» Toutefois, à cette époque, les difficultés de » la situation de Junot l'avaient décidé à hasarder » une action générale; et les armées étant déjà » très près l'une de l'autre, le seul changement » que l'interposition du général anglais nouvel- » lement arrivé occasiona dans le cours des

» évènements fut que sir Arthur Wellesley, au » lieu d'attaquer, ainsi qu'il se l'était proposé, » fut attaqué lui-même par Junot, le mémorable » jour du 21 août, près la ville de Vimeira. » L'armée anglaise était portée à seize mille » hommes, dont plus de moitié ne prit aucune » part au combat; les Français comptaient en- » viron quatorze mille hommes qui furent tous » engagés dans l'action. Ceux-ci attaquèrent avec » deux divisions; celle de gauche, commandée » par Laborde, et forte d'environ cinq mille » hommes, et celle de droite, aux ordres de » Loison, et beaucoup plus nombreuse. Le » centre, ou réserve, commandé par Keller- » mann, occupait l'espace entre les deux divi- » sions qui engageaient le combat, et servait à » coordonner leurs mouvements. Cette bataille » fut d'un grand intérêt pour les militaires, » comme un exemple remarquable de cette » tactique particulière qui avait si souvent » réussi aux Français pour rompre et déconcer- » ter les meilleures troupes du continent, et de » la manière dont leur valeur impétueuse peut » être arrêtée et rendue inutile par un ennemi » ferme, résolu et actif.

» Le mode favori d'attaque parmi les Fran-

» çais était, ainsi que nous l'avons dit, de se » former en colonnes serrées, dont le centre et » la queue ne permettant pas à la tête de s'arrê- » ter, poussent en avant les premiers rangs et » les précipitent sur la ligne moins compacte » de l'ennemi, qui nécessairement est rompue, » n'ayant pas assez de consistance pour soute- » nir l'effort de l'attaque.

» Ce fut ainsi que le général Laborde, plein » de confiance dans le succès, conduisit une co- » lonne de plus de deux mille hommes, et fon- » dit sur l'avant-garde anglaise, qui n'était com- » posée que du cinquantième régiment, de » quelques pièces d'artillerie, et d'une seule » compagnie de tirailleurs. Ce régiment, d'en- » viron quatre cents hommes, rangé en ligne » sur le sommet d'une montagne, présentait » un si faible obstacle à la colonne qui s'avan- » çait sur lui, qu'il semblait que le seul bruit » de son approche suffirait pour le repousser » du lieu qu'il occupait; mais le colonel Walker » changea subitement sa ligne de bataille; il » l'opposa obliquement au flanc de la colonne, » au lieu de conserver la ligne parallèle, et » commanda aussitôt un feu vif et soutenu; » chaque balle qui pénétrait à travers les rangs

» serrés de l'ennemi, frappait plus d'une victime » à la fois. A cette décharge meurtrière, ac» compagnée d'une mitraille plus fatale encore, » succéda immédiatement une charge à la baïon» nette, et la colonne ne pouvant ni se déployer » ni se former en ligne, reçut sur son flanc que » rien ne protégeait, et dans ses rangs déjà » éclaircis, l'attaque d'une poignée d'hommes » qu'elle avait cru pouvoir renverser dans sa » course. L'effet fut prompt et irrésistible. Les » Français, qui jusqu'alors avaient conservé le » plus grand ordre, rompirent leurs rangs et » s'enfuirent, laissant plus des trois quarts des » leurs tués, blessés ou prisonniers. Le com» bat s'était engagé partout de la même ma» nière. La brigade du général Fergusson fut » attaquée sur la droite par le général Loison » avec une impétuosité et une vigueur égales à » celle de Laborde. Les troupes chargèrent à » la baïonnette ; et là, comme à Maida, les Fran» çais s'avancèrent bravement, mais perdirent » courage au moment de la fatale mêlée : à quelle » autre cause pourrions-nous attribuer ce fait » qu'on ne saurait nier, que tout le premier » rang, composé de plus de trois cents grena» diers, fut renversé presque en un seul instant ?

» De tous côtés les Français étaient en pleine » retraite; ils avaient abandonné leur artillerie, » ils fuyaient en désordre; la bataille était ga- » gnée, le vainqueur n'avait seulement qu'à » étendre la main pour saisir les fruits de la vic- » toire. Sir Arthur Wellesley avait résolu de por- » ter une partie de son armée sur Torres-Vé- » dras, afin de se placer entre les Français et » le chemin le plus direct de Lisbonne, tandis » qu'avec une autre division il eût poursuivi » l'armée défaite, qui ne pouvait plus rentrer » dans la ville que par une route longue et dé- » tournée, à travers un pays en pleine insur- » rection. Malheureusement le temps du com- » mandement de sir Arthur Wellesley était fini » pour le moment. Sir Harry Burrard, qui était » débarqué pendant l'action, avait, par pro- » cédé, refusé de prendre aucun commande- » ment jusqu'à ce que la bataille parût être » terminée; mais alors, résistant aux remon- » trances de sir Arthur, du général Fergusson » et des autres officiers généraux, il interposa » son autorité pour empêcher qu'on ne pour- » suivît l'ennemi. Il trouvait cette mesure im- » prudente à cause de la nombreuse cavalerie » des Français; peut-être aussi redoutait-il un

» peu trop leur supériorité dans la tactique mi-
» litaire. Ainsi, le combat de Vimeira, dans ses
» conséquences directes, parut être seulement
» un nouvel exemple d'une victoire remportée
» par les Anglais sans aucun résultat ; et ce fut
» aussi une nouvelle preuve de ce qui arrive sou-
» vent, que les soldats gagnent la bataille par
» la confiance qu'ils ont en leur courage et la
» force de leurs armes, et que le général n'en
» sait pas profiter par une défiance également
» juste, peut-être, qui le fait douter de ses ta-
» lents militaires. »

Sir Walter est véritablement expert dans l'art de grossir les nombres ; quand il s'agit des forces de l'armée française, il fait avec une facilité particulière ce que nos soldats appellent *des queues aux zéros ;* en lui reconnaissant ce talent, il nous est venu tout naturellement à l'esprit qu'il pourrait bien exister quelque parenté entre le nouvel historien et M. de **** ; toutefois, les recherches que nous fîmes à ce sujet furent infructueuses, et nous sommes maintenant convaincus qu'il n'y a entre ces deux personnages d'autres rapports que leur amour de l'or et leur haine pour la France, qui, au reste, le leur rend bien.

L'armée de Junot ne se composait pas de quatorze mille hommes, mais de neuf mille seulement; lord Wellington, qu'on appelait alors sir Arthur, était à la tête de plus de dix-huit mille combattants qui tous prirent part à l'action. Le général Laborde, dangereusement blessé dans un combat précédent, ne pouvait être d'un grand secours. Sir Walter, vous calomniez lorsque vous osez dire que deux mille Français furent mis en fuite par une poignée d'Anglais. Cette *poignée* d'hommes se composait de la moitié au moins des brigades anglaises, qui perdirent en cette circonstance autant de monde que la colonne française.

Sir Walter, vous calomniez lorsque vous accusez les grenadiers du général Loison d'avoir fui devant les baïonnettes de Fergusson. Si ces braves eussent pris la fuite, leur premier rang n'eût pas été renversé. Ces vieux guerriers tombèrent, non en fuyant, mais à la place même où ils combattaient: ils tombèrent, non sous les baïonnettes anglaises, mais sous le feu de l'artillerie qui les mitraillait à demi-portée. Le vainqueur, dites-vous, n'avait plus qu'à étendre la main; ce fut bien aussi ce qu'il voulut faire; mais les généraux Kellermann et

Margaron donnèrent sur les ongles à cette main qui s'étendait, de manière à lui faire sentir qu'une retraite en bon ordre n'est pas une déroute.

On convient généralement que Wellington s'est donné peu de peine pour devenir un grand homme; mais peut-être comptait-il dès lors, pour aller à la postérité, sur les bons offices de son ami le romancier..... Il y a cependant des gens qui, après avoir été témoins des *hauts faits* de l'un, et avoir lu le chef-d'œuvre historique de l'autre, doutent encore qu'il y ait dans la réunion de ces deux génies assez d'étoffe pour faire un homme célèbre.

Bientôt sir John Moore quitte le Portugal et se dirige vers Madrid; de son côté, Napoléon se met à la tête de l'armée française, part de Vittoria, bat, écrase, disperse tout ce qui tente d'arrêter sa marche, et entre dans la capitale de l'Espagne. Moore effrayé, sur le point d'être enveloppé, commence une retraite précipitée, qui devient quelques jours après une véritable déroute. Il est curieux de voir toute la peine que se donne l'historien anglais pour dissimuler la vérité de ce désastre dont le poids le suffoque. Nous sommes encore forcé ici de le laisser parler longuement.

« Sir John Moore quitta Salamanque le 7 » décembre, se dirigeant sur Mayorga, où il » opéra sa jonction, le 20, avec sir David » Baird. Sur le chemin de Sahagun, cinq cents » hommes du quinzième de hussards taillèrent » en pièces ou dispersèrent un nombre pres- » que double de cavaliers français. Cet évène- » ment ranima la confiance des troupes ; elles » s'attendaient à livrer bataille à Soult, qui s'é- » tait retranché derrière la rivière de Carrion ; » l'enthousiasme de l'armée anglaise était porté » au plus haut degré, quand on apprit que » Soult avait reçu des renforts considérables, » que Bonaparte s'avançait de Madrid à la tête » de dix mille hommes de sa garde, et que les » troupes françaises qui se dirigeaient vers le » sud de l'Espagne, avaient fait volte-face vers » le nord-ouest, comme pour envelopper et dé- » truire l'armée anglaise. C'était précisément le » danger que Moore n'avait cessé d'appréhen- » der, même en exécutant le mouvement qui » l'y plaçait. Se retirer en Galice, traverser toute » la province, telle était la seule voie de salut » qui lui restât. Depuis plusieurs semaines, on

» s'occupait des moyens de se maintenir dans » ce pays montagneux, ou du moins d'y effec- » tuer une retraite en bon ordre. La division » de sir David Baird l'avait traversé dans sa » marche sur Astorga; mais l'état-major des » armées anglaises était si incomplètement or- » ganisé à cette époque, qu'il ne paraît pas » qu'on eût pris le moindre renseignement sur » les routes, sur les positions fortes et les avan- » tages qu'offre le pays pour une guerre défen- » sive. Un autre vice, alors commun dans notre » service militaire, était la défectuosité du com- » missariat des subsistances, inconvénient grave » signalé par sir Arthur Wellesley, mais auquel » on n'avait point encore porté remède.

» Au moyen d'efforts bien dirigés, on aurait » pu faire venir des approvisionnements de la » Corogne, et réunir ceux que pouvait offrir la » Galice; puisant ainsi dans leurs propres ma- » gasins, et se repliant de position en position, » les troupes eussent échappé aux désastres et à » la honte d'une retraite qui, sauf la terreur » ordinaire en pareil cas, ressembla sous tous » les rapports à une fuite.

» Un autre malheur encore, et des plus dé- » plorables, vint de l'aversion naturelle et pro-

» fonde de nos armées pour un mouvement ré» trograde. Plein d'espoir et de confiance quand » il se porte en avant, le soldat anglais ne pos» sède pas cette flexibilité et cette élasticité de » caractère qui permettent aux Français de se » faire remarquer, dans une retraite, par leur » intelligence, leur discipline et leur adresse : » la mutinerie et l'insubordination se mirent » donc bientôt parmi des troupes chagrines et » mécontentes. Irritées contre les Espagnols, » qu'elles accusaient de les avoir trahies par la » tiédeur de leur zèle, elles commirent, sur les » habitants sans défense, des excès impardon» nables, qui se multiplièrent malgré les efforts » du commandant en chef pour apaiser leur » fureur. Il est consolant de penser néanmoins, » qu'en s'écartant de leur discipline accoutumée » elles sauvèrent leur réputation de courage.
» Les Français, qui avaient atteint l'arrière» garde anglaise près de Benevente, et fait pas» ser la rivière à un gros corps de cavalerie im» périale, furent repoussés et défaits le 29 » décembre, laissant prisonnier leur général » Lefebvre-Desnouettes; depuis ce moment ils se » contentèrent d'observer les Anglais dans leur » retraite, sans les attaquer.

» Le 30 décembre, le commandant en chef » joignit, dans Astorga, le général La Romana » et cinq mille Espagnols, débris de l'armée de » Galice. Ces troupes manquaient d'habits, d'ar» mes, de munitions, de paye, de tout en un » mot, excepté de ce courage, de ce dévouement » patriotique que le succès eût couronné si la » fortune eût favorisé le bon droit.

» Le général espagnol proposait néanmoins » de tenir ferme dans cette position; mais, quels » que fussent les talents de La Romana et la » valeur de ses soldats, ce renfort n'était pas de » nature à décider sir John Moore à suspendre » sa retraite, qu'il avoua dès lors vouloir effec» tuer sur la Corogne.

» La disette de vivres, l'ignorance complète » du pays sous le rapport militaire, nécessi» taient des marches forcées; et le soldat ne fut » que trop engagé par cette précipitation et ces » mouvements irréguliers, à quitter ses rangs » et à piller la contrée; nos troupes traitèrent » donc en pays conquis un pays allié, dont les » habitants ne manquèrent pas en retour de leur » faire subir de sévères représailles. Le temps » était sombre et pluvieux, les routes obstruées » par la neige à demi fondue, les gués imprati-

» cables; tout se réunissait pour ajouter aux » embarras d'une retraite, semblable à celle » d'une armée vaincue, dans un pays inconnu, » à travers lequel les fuyards sont obligés de se » frayer un chemin comme ils le peuvent. Les » bagages et les munitions furent laissés et dé- » truits, les malades et les blessés restèrent à la » merci du plus fort; et le grand nombre de » soldats qui, dans ce moment de désespoir, se » livrèrent au vice national de l'ivrognerie, aug- » menta de beaucoup celui des hommes inutiles; » la caisse militaire même fut abandonnée sur » la route: jamais retraite ne fut plus désas- » treuse.

» Une circonstance salutaire vint, pour la » seconde fois, suspendre les excès des soldats; » en effet, l'énergie et même la discipline repa- » raissaient dans l'armée au premier bruit d'une » bataille prochaine. Ce fut particulièrement le » cas, au 6 janvier, lorsque les Français risquè- » rent une attaque sur notre arrière-garde, près » Lugo; à peine l'armée anglaise put espérer un » engagement, que les traîneurs se hâtèrent de » reprendre leurs rangs, et que le soldat mutiné » redevint aussi docile qu'en un jour de parade. » On ne saurait nier que l'approche du combat,

» bien loin de produire son effet naturel sur » des troupes déjà désorganisées, et de les pous- » ser à la fuite par la frayeur, ne fût, pour » l'armée anglaise, un motif de rentrer dans » l'ordre et de retrouver son courage.

» Les Français ayant refusé la bataille qui » leur était offerte, sir John Moore continua sa » retraite, malgré les mêmes difficultés, et ar- » riva enfin à la Corogne, où il avait, dès le » principe, résolu d'aller chercher un abri. Il » se préparait à faire monter ses troupes sur » les bâtiments de transport préparés pour les » recevoir, lorsque la présence de Soult, qui » arrivait sur ses traces, lui prouva que l'opé- » ration ne pourrait avoir lieu qu'au moyen » d'une convention avec le général français, ou » par suite d'une bataille qui mettrait celui-ci » hors d'état de s'y opposer. Sir John Moore » prit le dernier parti, le seul qui convînt à la » noblesse de son caractère, et occupa une po- » sition assez peu favorable en avant de la ville, » pour protéger l'embarquement.

» Le 16 janvier, les Français attaquèrent en » colonnes serrées, et avec leur vivacité habi- » tuelle. Mais le choc fut soutenu et repoussé » sur tous les points. Le vaillant général reçut

» une blessure mortelle pendant l'action, à l'in-
» stant même où il exhortait les braves mon-
» tagnards du quarante-deuxième régiment à se
» souvenir de l'Égypte, et qu'à défaut de car-
» touches ils avaient leurs baïonnettes.

» Ainsi périt sur le champ de victoire, en ex-
» piation de ses premiers revers, l'un des plus
» braves et des meilleurs officiers de l'armée
» anglaise. Son corps fut enveloppé dans son
» manteau militaire, au lieu des vêtements or-
» dinaires du cercueil, et déposé dans une tombe
» creusée à la hâte sur les remparts de la cita-
» delle de la Corogne. Les troupes achevèrent
» de s'embarquer le lendemain, laissant leur
» général mort, seul avec sa gloire.

» Cette moisson de lauriers stériles, mêlés à
» tant de cyprès, termina une campagne entre-
» prise par une si belle armée, sous un général
» si renommé. Sa présence tardive sur le champ
» de bataille fut une des principales causes de
» ses revers, et le brave chef ne doit pas en être
» responsable devant la postérité. Une armée
» semblable, à Salamanque, lorsque les Fran-
» çais étaient inférieurs en nombre aux Es-
» pagnols, pouvait produire les plus grands
» résultats. Plus tard, après la défaite successive

» des troupes nationales, et avec l'opinion que » sir John Moore s'était faite des Espagnols, » nous ne pensons pas que ce général fût obli» gé d'exposer l'armée anglaise, auxiliaire, il » faut bien le remarquer, et non pas armée prin» cipale dans la guerre, aux mêmes hasards que » les Espagnols devaient nécessairement affron» ter. Quant au désastre de la retraite, il faut » les attribuer au peu de connaissance qu'on » avait du pays, et à l'organisation vicieuse du » commissariat, sur lequel le général en chef » ne possédait pas alors une autorité suffisante. » Disons, à l'honneur de sir John Moore, que le » dernier acte de sa vie racheta amplement la » réputation de l'armée à ses ordres. »

Respirons maintenant, car ce n'est pas sans fatigue que l'on parcourt une si longue suite de faits absurdes, faux, tronqués, dénaturés, etc. Et d'abord quelque cas particulier que nous fassions de messieurs les hussards anglais, nous ne pouvons leur accorder d'avoir battu *sur le chemin de Sahagun* un corps de cavalerie deux fois plus fort qu'eux. Si ces honnêtes hussards se rappellent ce petit combat, c'est que, apparemment, ils n'avaient pas coutume d'être accueillis comme ils le furent par la cavalerie du général Durosnel, à laquelle, toutefois, ils ne jugèrent pas prudent de résister long-temps. Ce fut alors que commença la retraite des Anglais, et elle se faisait avec tant de précipitation, que l'armée française, qui les serrait de près, en suivant le chemin qu'elle trouvait couvert de cadavres, de canons et de caissons abandonnés, ne put cependant atteindre que leur arrière-garde. Ce fut à la vérité dans cette rencontre qu'ils s'emparèrent du général Lefebvre-Desnouettes, mais cette capture fut un accident et non une défaite. Ce général, qui s'était avancé avec seulement trois escadrons de chasseurs, se trouva cerné par toute la cavalerie anglaise et obligé de se rendre, ce qui n'empêcha pas l'arrière-garde anglaise d'être complètement battue. « Depuis ce moment, dit Walter Scott, les Français se contentèrent d'observer l'armée anglaise sans l'attaquer. » Mais si les Français étaient devenus si timides, pourquoi la retraite des Anglais fut-elle si précipitée dès ce moment, que, sans manquer de vaillance, on pourrait l'appeler une *déroute?*..... Quand on a derrière soi un ennemi qui craint de se battre, on ne court pas si vite. Quoi! des gens qui n'osent vous regarder en face, des hommes que vos baïonnettes font trembler, vous inspirent une telle frayeur que vous êtes forcé de l'avouer. « Vos bagages et vos munitions furent laissés et détruits, et vos malades et vos blessés furent laissés à la merci du plus fort ! » Vous ajoutez : « La caisse militaire même fut abandonnée sur la route ; jamais retraite ne fut plus désastreuse. » Ne voyez-vous pas, sir Walter, que vous insultez l'armée dont vous prétendez faire l'éloge, en disant que c'était pour échapper à un ennemi timide et craintif qu'elle fuyait ainsi ?

Enfin Moore et les débris de son armée arrivent à Lugo, et ici le nouvel historien affirme que les Français refusèrent la bataille qui leur était offerte. Ici nous nous sommes fait cette question : Pour qui donc Walter Scott a-t-il écrit cette prétendue histoire ? Est-ce à des gens de bon sens qu'il espère faire croire que l'armée française, forte, nombreuse, triomphante, refusa de se mesurer contre les débris des régiments anglais ? La vérité est que Moore s'arrêta à Lugo ; le 8 janvier au soir, le maréchal Soult avait tout disposé pour attaquer l'ennemi ; il se disposait à faire avancer ses premières colonnes, le 9 au matin, lorsqu'il apprit que les Anglais, qui avaient allumé de grands feux pour faire croire qu'ils conservaient leurs positions, avaient décampé pendant la nuit, et se dirigeaient en toute hâte vers la Corogne, où ils arrivèrent le 11 dans un état pitoyable. Ce fut là que, le 16, ils furent atteints par Soult, qui ne fut pas repoussé, comme le dit le romancier, mais qui leur tua plus de deux mille hommes.

Comme ami de Moore, Walter Scott devait à ce général des éloges et des regrets; mais comme historien, il ne devait pas sacrifier la vérité aux mânes de son ami.

De l'Espagne, sir Walter nous transporte rapidement en Autriche, où la guerre avait éclaté de nouveau. Forcé de rappeler la série de victoires remportées par les Français dans cette campagne, il essaie de s'en dédommager en affirmant que Napoléon fut vaincu à Essling; la mort du maréchal Lannes est aussi pour lui une occasion de montrer cette lâche cruauté que l'on avait remarquée dans les *Lettres de Paul*.

« La mort de Lannes, dit-il, surnommé le » *Roland de l'armée française*, présente une cir-

» constance qui a quelque chose de choquant. » Ayant les deux jambes fracassées, il se refusait » à mourir, et voulait qu'on pendît les chirur- » giens qui ne savaient pas guérir un maréchal » et un duc de Montebello. Se sentant ainsi arra- » ché à la vie, il fit appeler l'empereur, éprou- » vant dans son cœur l'espoir que Napoléon » pourrait du moins retarder l'heure fatale, et » il ne cessa jusqu'au dernier moment de ré- » péter son nom avec cet accent profond du » sauvage indien qui invoque l'objet de son » culte superstitieux. On comprend combien » Bonaparte dut être ému en voyant son fidèle » compagnon dans ce cruel état. »

S'il y a dans cette catastrophe quelque chose de *choquant*, c'est le ton avec lequel un calomniateur en rend compte. Le duc de Montebello avait assez prouvé qu'il ne craignait pas la mort. Les chirurgiens avaient d'abord jugé l'amputation inutile; Lannes, non seulement leur ordonna d'un ton ferme, de lui couper les jambes, qu'un boulet avait fracassées, mais il supporta cette terrible opération sans pousser un gémissement. Est-ce donc à un homme qui ne parut sur un champ de bataille qu'après la victoire et pour se repaître du spectacle horrible que présentait l'agonie de plusieurs milliers de braves, est-ce à un tel homme qu'il convient d'insulter à la mémoire d'un héros?

Le récit que fait le nouvel historien de la prise de Flessingue et de l'attaque d'Anvers n'offre rien de remarquable, et nous passerions sur-le-champ au treizième volume (septième de l'édition de Bruxelles) si nous n'avions quelque chose à dire sur la manière dont le romancier rapporte l'enlèvement du pape. La relation, qui fourmille au reste d'inexactitudes, se termine ainsi :

« L'empereur, violemment irrité de l'obsti- » nation du pape et du courage qui l'avait porté » à adopter une mesure aussi audacieuse, réso- » lut de l'en punir. En conséquence, dans la » nuit du 5 au 6 juillet, le palais Quirinal, ré- » sidence de sa sainteté, fut forcé par des sol- » dats; et le général Rodet, se présentant de- » vant le saint père, exigea qu'il renonçât sur- » le-champ aux biens temporels appartenant au » siége de Rome.

» Je ne dois, ni ne veux, ni ne puis faire une » pareille cession, répondit Pie VII. J'ai fait » serment à Dieu de maintenir dans leur inté-

» grité les possessions de la sainte église ; je ne » violerai point mon serment.

» Le général alors déclara à sa sainteté qu'il » fallait qu'elle se préparât à quitter Rome.

» Tel est donc, s'écria le vénérable pontife, » la reconnaissance de votre empereur pour » mon extrême condescendance à l'égard de » l'église gallicane et envers lui-même ? Peut- » être, sous ce rapport, ma conduite est blâ- » mable aux yeux de Dieu, et maintenant il » veut m'en punir. Je me soumets humblement » à sa divine volonté.

» A trois heures du matin, le pape fut mis » dans une voiture, dans laquelle un cardinal » eut seul la permission d'entrer avec lui ; et ce » fut ainsi qu'on l'arracha violemment à sa ca- » pitale. Quand ils furent arrivés à la porte *del* » *Popolo*, le général fit observer à sa sainteté » qu'il était encore temps pour elle de consen- » tir à la cession de ses domaines temporels ; » le pape refusa avec énergie, et la voiture con- » tinua sa route. »

Plus loin, l'écrivain anglais ajoute :

« Il paraîtrait que Napoléon eut, plus tard, » honte de sa conduite ; en effet, il essaie de

» s'en excuser comme d'un acte politique, et » nullement inspiré par son caractère. »

Napoléon ne put jamais se repentir de sa conduite relativement à l'enlèvement de Pie VII, car il ne l'avait point ordonné; et cette mesure était déjà presque entièrement exécutée lorsqu'il en fut instruit à Schoenbrunn, où il résidait encore.

Après quelques négociations entre Pie VII et le général Rodet, qui commandait les troupes françaises à Rome, le pape, sans aucun motif apparent, se retira dans son palais de Monte-Cavallo, ordonna que toutes les issues fussent barricadées, et fit établir quelques postes de sbires qui, pour se donner l'air redoutable, insultèrent les soldats français partout où ils les rencontrèrent. Les menaces et les fanfaronnades de cette troupe méprisable parurent d'abord dignes de pitié; mais bientôt quelques rixes eurent lieu. Le général Rodet craignant de ne pouvoir éviter un engagement qui eût mis en danger la vie du pape lui-même, prit le parti de le faire enlever pendant la nuit.

En apprenant cette nouvelle, l'empereur ne put dissimuler le déplaisir qu'elle lui causait. Plusieurs courriers furent dépêchés sur-le-champ: l'un portait au gouvernement de Florence l'ordre de mettre le plus beau château du grand-duché à la disposition du saint père; un autre fut envoyé à Turin, où il portait des ordres semblables; et un troisième fut envoyé à Savone, afin que, dans le cas où sa sainteté aurait déjà franchi les Alpes, le palais archiépiscopal de cette ville fût mis à sa disposition.

L'esprit de parti, nous le savons, s'est emparé de cet évènement pour en faire un crime à Napoléon; mais un historien devrait-il s'en rapporter aux rumeurs populaires? Il n'est permis d'écrire l'histoire, a dit Voltaire, que pour apprendre aux hommes des choses nouvelles et vraies. Peut-être sir Walter, qui n'a rien de commun avec le philosophe de Ferney, pense-t-il qu'il est aussi permis de l'écrire pour se moquer du public et gagner de l'argent?

FIN DE LA PREMIÈRE PARTIE.

www.ingramcontent.com/pod-product-compliance
Ingram Content Group UK Ltd.
Pitfield, Milton Keynes, MK11 3LW, UK
UKHW021042200726
13857UKWH00003B/763